なぜ小規模事業者こそ産業医が必要なのか

富田崇由
TOMIDA TAKAYOSHI

幻冬舎 MC

はじめに

小規模事業者にとって、一人ひとりの社員は貴重な戦力です。ある日突然、休職者や退職者が発生すれば、事業の継続さえ危うくなってしまうかもしれません。実際に体調不良やメンタル不調を理由に社員が休職を申し出るケースは増えています。

それを未然に防ぐ方法の一つが会社で実施する健康診断ですが、十分に活用している企業は少ないようです。本来、健康診断の結果は企業が把握した上で各従業員に通知する必要があります。しかし、個々のプライバシーを気遣い、企業側がとくに把握しないまま、診断結果を従業員に通知するケースが少なくありません。そもそも健康診断の結果を見ても、医学的な知識がないため、職場環境を改善したり、一人ひとりの社員に生活習慣の見直しを提案したり、対策を講じることがなかなかできないのです。

そんなとき、会社の顧問医のような立場でサポートをしてくれるのが産業医です。

従業員50人以上の企業の場合、労働安全衛生法によって産業医の選任が義務付けられています。しかし、50人未満の企業には義務がありません。ですから、ほとんどの小規模事業者の経営者は、産業医の活用など考えてみたこともないでしょう。

ところが、小規模事業者にこそ、産業医が重要な役割を果たすのです。

大企業であれば、社員の健康を管理する部署や担当者がおかれ、体調の優れない社員が発生した場合には、どのように対処すべきか手順やマニュアルが整備されています。また、ある程度の人数の社員を抱えていますので、たとえ1人が休職しても、周囲の社員でカバーすることも可能です。

しかし、小規模事業者には、社員の健康を管理する担当者はいないでしょう。経営者が自ら相談に乗ったり、休職の判断などをしなければなりません。多くの経営者は、医療に関する専門知識などをもっていませんから、正しい判断ができません。そんなとき、いつでも相談できる産業医がいるのはとても心強いものです。

産業医は、経営者に代わって社員と面談し、会社にとって、社員にとって最適な対策を導き出すことができます。いわば、健康面で会社と社員の架け橋になる存在だといえます。早い段階で対処できますから、大切な社員を失うことも、業績への影響が出ることも回避できる可能性が高くなります。

私自身が産業医の道を選んだのは、訪問医療に携わっていたときの経験が基になっています。50代半ばのあるがん患者さんの在宅医療を支援しているときに、患者さんから「仕事に復帰したい」との希望を聞きました。60歳の定年退職までもう少しなので、仕事を生きがいにしていた患者さんとしては、最後まで職務を全うしたいとの気持ちを持っていたのです。

希望を叶えるため、私は患者さんの勤務先の産業医に連絡を取りました。患者さんの状況を説明して、職場復帰は十分に可能であることを伝えました。しかし、患者さんが産業医と面談ができたのは1カ月が経過してからでした。そこからさらに2カ月が経過して、ようやく時短勤務の許可が出ました。

しかし、すでに3カ月が経過していましたので、生きがいを失っていた患者さんは気力も体力も衰えてしまっていました。3カ月前ならフルタイムで勤務ができる状態でしたし、職場に復帰できていたら、病状の進行も抑えられたかもしれません。私は産業医にとても腹が立ちました。

とはいえ、産業医について何も知らない私は、産業医を非難することもできません。すぐに研修を受けて、産業医の資格を取得しました。そこで気づいたのは、産業医の制度には大きな課題があることです。一般的に産業医が企業とミーティングをするのは月に1回程度しかありません。そのため、たとえばAさんの健康問題について企業から産業医に相談があっても、それを受けて産業医がAさんと面談をするのは、1カ月後のミーティングになってしまうこともあります。

病状などによっては、1カ月後に対応した場合、手遅れになり休職や退職につながりかねません。そこで私は、「いつでも相談できる産業医」が必要だと感じました。そしていま、小規模事業者を中心に経営者あるいは社員の皆さんのサポートをさせていただいています。

最近は健康経営が話題になり、社員の健康管理に取り組んでいる会社には、求人募集への応募も多くなる傾向にあります。

本書では、小規模事業者にとって産業医はどのような役割を果たしてくれるのか、どのようにして社員と会社との架け橋になってくれるのか、事例を交えながら紹介しました。ただし、名前や本人を特定する特徴、事例の細部については修正を加えています。本人の特定を困難にするために、二件もしくは三件の事例を組み合わせて書いたものもあります。もし、事例の中で知っている人だと感じた読者の方がいたら、それはまったくの誤解であることを念のためここに記しておきます。

本書が、社員が健康で長く働ける会社を目指すための参考になれば幸いです。

なぜ小規模事業者こそ産業医が必要なのか　目次

［第2章］　定期健康診断、ストレスチェック、職場巡視……

なぜ小規模事業者こそ産業医が必要なのか

［第4章］　小規模事業者専門の産業医が小さな会社を救う

［第1章］

少ない戦力の小規模事業者
明日もし、
従業員が病気になってしまったら……

人材不足が深刻化する小規模事業者

中小企業庁の2016年6月時点の報告によれば、国内の企業数全体（大企業と中小企業・小規模事業者の合計）の約84・9％を小規模事業所が占め、事業所の数は約304・8万社に上ります。従業員の数でいうと約1044万人もの人が小規模事業所（従業員数20人以下）で働いています。まさに、日本の経済の屋台骨を支えているのは小規模事業所といっていいでしょう。

しかし、この小規模事業所の多くが慢性的な人手不足に悩まされているのです。

左の図が示すように、日本商工会議所が中小企業（小規模事業所を含む）を対象に人手不足に関する調査をしたアンケートでは、ほぼすべての業種で過半数以上が「人手が不足している」と回答しています。

さらに、小規模事業所では離職率が多いことも問題です。厚生労働省の「新規学卒就職者の離職状況（平成29年3月卒業者の状況）」によれば、新規学卒就職者の3年以内離職率は、事業規模が1000人以上の26・5％だったのに対し、5～29人規模の企業では

[図表１]

人員の過不足状況

○業種別で見ると、「介護・看護」が、68.0%（2018年度）→79.2%（2019年度）と、人手不足感が急激に高まっている。また、「宿泊・飲食業」及び「運輸業」における人手不足企業の割合が８割程度で高止まりしており、深刻な状況。

※グラフ上段は2019年度調査、下段は2018年度調査

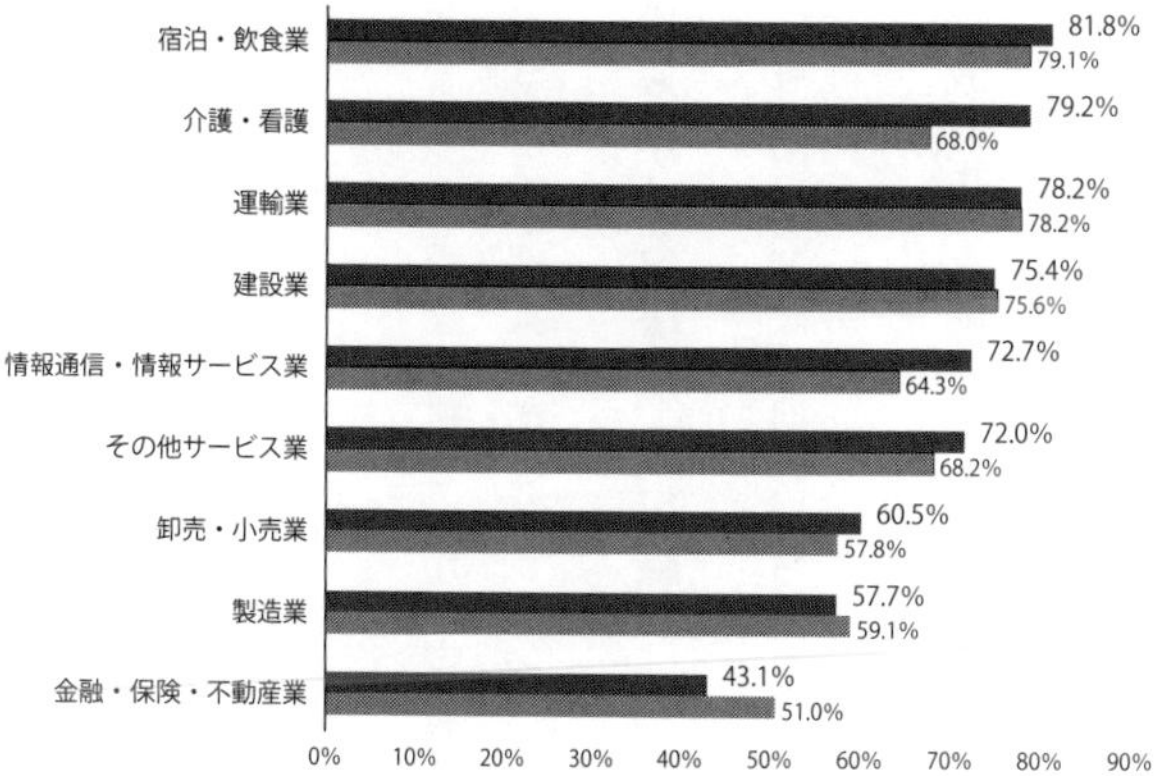

出典：人手不足等への対応に関する調査結果（日本商工会議所　2019年６月）

新規学卒就職者の事業所規模別３年以内離職状況

【事業所規模】	【大学】	【高校】
1,000人以上	26.5%（＋1.5Ｐ）	27.4%（＋1.4Ｐ）
500～999人	29.9%（＋0.3Ｐ）	32.5%（▲0.6Ｐ）
100～499人	33.0%（＋0.8Ｐ）	38.1%（＋0.5Ｐ）
30～99人	40.1%（＋0.8Ｐ）	46.5%（＋0.5Ｐ）
5～29人	51.1%（＋1.4Ｐ）	55.6%（＋0.2Ｐ）
5人未満	56.1%（▲1.6Ｐ）	63.0%（▲1.9Ｐ）

（　）内は前年比増減

出典：厚生労働省

51・1％にも及び、実に半数以上が3年以内に辞めていることが分かります。

数千人・数万人規模の企業とは違い、従業員20人以下の小規模事業者にとって、従業員が1人でも離職すれば大きな痛手となります。これまで順調に利益を出していた会社でも、離職が続けば事業活動に支障をきたします。最悪の場合〝人手不足倒産〟に陥ってしまうケースもあります。

小規模事業者にとって、貴重な人材をいかに定着させ、安定して働いてもらうかが企業存続のカギといっても過言ではありません。

人材不足に追い打ちをかける「休職」「退職」

人材不足に悩む小規模事業者に、追い打ちをかけるのが社員のメンタル不調による休職や退職です。

厚生労働省の「平成30年　労働安全衛生調査（実態調査）結果の概要」によると、メンタル不調によって、過去1年間に連続1カ月以上休職した人がいたのは従業員数10～29人の企業で2・4％、またメンタル不調によって退職した人は3・6％でした。

この比率は低いと感じるかもしれませんが、従業員数が1000人以上の大企業とは状況が異なります。仮に従業員数が20人の企業では仮に1人が休職・退職すれば、大きな戦力ダウンになります。しかもベテランの社員が休職・退職してしまえば、事業の継続さえ難しくなってしまうかもしれません。

とくに小規模事業者の場合は、休職の規定がしっかりしていないケースが多いため、従業員が病気になると退職するケースが大半です。社長にしてみれば、いったん休職して回復したら復帰してほしいと思っていますが、休職している間の補償をする体力もなく、辞めさせざるを得ないのです。

本人に復帰する気持ちがあっても、メンタル疾患の場合、会社としていつまで待てばいいのか、判断が難しい面もあります。そんな事情もあり、メンタル不調で退職する従業員の比率は、大企業より小規模事業所のほうが高い傾向にあります。

メンタル不調のみならず小規模事業所の従業員が病気になっても、治療に専念させてあげたいけれども、その人がいないと仕事が回らないため、現実的には最低限の休みしかとってもらえないことがほとんどです。

このように小規模事業者にとって仕事と従業員の病気の治療を両立させるのは非常に難しいのです。

従業員が病気で休職や退職したときのリスクを考えていますか

従業員が病気になり休職あるいは退職してしまうことは、従業員の数が少ない小規模事業者ほど影響が大きいわけですが、リスクはそれだけではありません。

メンタル不調などで辞めた従業員が訴訟を起こすこともあります。その事例として大企業の例ですが「日本ヒューレット・パッカード事件」があります。

神奈川産業保健総合支援センターの資料によると、この事件は、精神的不調が疑われる従業員が長期欠勤したために懲戒処分されたことが問題となった事例です。

システムエンジニア（原告）は、被害妄想などなんらかの精神的な不調により、実際にはそのような事実はないにもかかわらず、加害者集団（同僚）から日常生活を監視されていると感じていました。

また、システムエンジニアは、加害者集団から嫌がらせを受けているとして、会社（被告）に対して、事実の調査を依頼しましたが、納得できる結果が得られなかったようです。

そこで、特例の休職を認めるよう会社に求めましたが、会社は認めず出社を促しました。システムエンジニアは有給休暇を利用して休みを取得しましたが、有給休暇がなくなってからも約40日間の欠勤を続けたため、会社は無断欠勤を理由に、システムエンジニアを諭旨退職処分としたのです。

システムエンジニアはそれに納得できず、裁判で雇用契約上の地位確認、処分以降の未払賃金の支払いを請求しました。

結果、不当解雇と判断され、会社に約１６００万円の支払いが命じられました。このようなケースでは、精神科医による健康診断を実施して、必要があれば治療を勧め、休職等の検討をすべきと判断されたのです。したがって、そのような対応をとっていない解雇を無効とされました。

これは大企業だったため、表沙汰になっていますが、裁判にまでならなくても従業員が労働基準監督署に訴えると申し出て、金銭的な補償をしたり、退職後数カ月の給与を支払ったというケースは小規模事業所の経営者からよく聞きます。

従業員の健康問題は、人手不足によるダメージ以外にも、企業にとって直接的な損失につながるリスクをはらんでいるのです。

社長1人では従業員の健康に対処できない

実際に従業員の健康向上に取り組むのは、簡単ではありません。とくに小規模事業所の場合大企業とは異なり、人事や総務のような部署があるわけではありません。ほとんどの企業は社長自らが健康診断などの総務的な業務をこなしています。しかし、経営者はビジネスのプロではあっても、健康に関する専門家ではないため適切な対応はできません。

そこで考えていただきたいのが、従業員の健康管理に取り組む際、専門家の立場で支援する役割を担っている産業医の活用です。

産業医の制度については、第2章で詳しく紹介しますが、医学的な知識を備えていると同時に、企業の従業員の健康障害を予防するのみならず、心身の健康を保持増進するための労働衛生に関する専門的な知識にも精通した医師のことを指します。

私が産業医として関わらせていただいている企業の例を一つ紹介します。

あるとき、入社1カ月しか経っていない従業員が休みがちになりました。本人は医師から痛風の診断書をもらってきましたが、痛風で「休職が必要」とはなかなかなりません。ですから、本人が自主的に休んでいるだけなのです。入社3カ月は試用期間にしていたので、その期間を延ばしたほうがいいかと社長から相談がありました。試用期間は本来、社会保険労務士の専門分野ですが、社会保険労務士から産業医に相談してほしいと言われて、私に電話がかかってきたのです。

医学的判断として、痛風で仕事を休むほどということは、痛みがかなり強いと思われると説明したところ、社長から今日は普通に歩いていたと伺い、このケースはズル休みとしか考えられないので、試用期間の延長の必要はないと思われるとアドバイスをしました。

従業員からすれば、産業医が敵のように映ったかもしれませんが、そうした判断も社長だけでは難しい面があります。従業員の健康問題を迷いなく決断できるのは、大きいのではないでしょうか。

ほかにこんなケースもあります。ある企業の事例で、脳卒中で休んでいた従業員が復帰することになりました。社長はその従業員が車いすで生活していることを聞いて、不便がないように階段の部分にスロープを設置しました。しかし、本人は復帰に備えて階段を上るためにリハビリを頑張ってきたのです。ですからスロープは必要ではありませんでした。それよりも、机が車いすを使う自分には合わなかったので、それをなんとかしてほしかったようです。

机を変えるくらいなら数万円で済んでいたはずですが、多額の費用をかけて大々的にスロープを作り待っていたのです。そこまで社長にしてもらうと、本人は恐縮して、さらに「机を替えてくれ」とは言えなくなってしまいます。

これは従業員とのコミュニケーションが不足していたために起きてしまったことです。従業員のために社長が良かれと思ってやることが、実はずれている場合が少なくないのです。

そのときに産業医がいれば、従業員が復帰する前にしっかり本人と面談して、何が必要かを判断しての対応が可能になります。

このように、社長1人で従業員の健康に対処することはなかなか難しい面があります。
だからこそ、一緒に健康管理に取り組んでくれる専門家が必要不可欠です。

《コラム》

従業員の健康を見える化する

従業員の健康を見える化するための言葉に、「プレゼンティーイズム」、「アブセンティーイズム」があります。

プレゼンティーイズムとは、出勤はしているけれど、病気を抱えている状態です。それはメンタル不調の場合もありますし、身体の不調を抱えている場合もあります。従業員がプレゼンティーイズムの状態になると、本人だけではなく周りにも影響を及ぼします。

たとえば、メンタル不調や病気を抱えたまま出勤する従業員がいると、パフォーマンスが上がらず、生産性にも大きく影響し、経営に影響が出てくるのです。とくに小規模事業者の場合は、従業員数が少ないので一人でもプレゼンティーイズムの状態にあると、大きな影響があります。

一方、アブセンティーイズムは、従業員が仕事を休むことによって発生する経営的なロスを指します。これらは、5年ほど前から注目されています。体調が悪いときには、無理して仕事に出るよりも、休んだほうが影響は少ないのですが、小規模事業所の場合には、なかなか休めないとの事情もあります。

厚生労働省保険局の「コラボヘルスガイドライン」では、「プレゼンティーイズムで生産性が低下しコストが増大する」ことがデータで示されています。米国商工会議所等によるパンフレット（Healthy Workforce 2010 and Beyond, 2009）には、ミシガン大学の研究グループの研究成果に基づく図が掲載されています。その図には、米国の金融関連企業の従業員の健康関連コストの全体構造が示されています。

薬剤費を含む通常の医療費である「Medical & Pharmacy」は、全体の健康関連コストのごく一部を占めているに過ぎません。

医療費以外にアブセンティーイズムや短期の障害（Short-term Disability）、長期の障害（Long-term Disability）などもありますが、いずれも大きな比率は占めていません。では何が最も大きいのか。最大の割合を占めているのは、プレゼンティーイズムです。

「コラボヘルスガイドライン」では、２００９年に破たんした、世界有数の自動車メーカー「ゼネラル・モーターズ」（ＧＭ）の事例にも言及しています。破たん要因の一つに医療費負担の重さが挙げられていたそうです。ただ、前述の例から考えると、医療費そのものが最大の健康関連コスト要因ではないことが分かります。最大の問題はプレゼンティーイズムだと考えられます。

プレゼンティーイズムは、将来的にアブセンティーイズムとつながってしまう可能性はあまりありません。とくに小規模事業者では、休みたくても休めない状況ですから、早期にしっかり対応して、不調を起こさないようにしなければなりません。そのような予防的な観点からも、プレゼンティーイズムへの対策が重要になっています。

［第2章］

定期健康診断、ストレスチェック、職場巡視……
なぜ小規模事業者こそ産業医が必要なのか

社員の健康問題は産業医に任せる

従業員の健康に関する問題を総合的に相談できるのが産業医です。日常の健康相談、健康診断の受診率の向上やストレスチェックの活用、あるいは職場環境の改善まで、健康に関することであれば、さまざまな場面で相談が可能です。

たとえば、なんらかの病気を患っている従業員がいた場合、会社として何に気をつければよいか、判断は難しいものです。必要なのは、的確なアドバイスを受けられる相談先です。気になることがあったときに、社長が気軽に電話して相談できる専門家がいれば心強いでしょうし、問題を先送りせずに解決することができます。

以前、とても従業員のことを考えている社長から相談を受けたことがあります。「本気で従業員の健康に取り組みたいが、何から始めていいか分からない」とのことでした。そこで私は、従業員のストレスチェックをすることを勧めました。

その企業は従業員が20人ほどでしたが、実際にチェックをしてみると、結果は全国平均より悪い状態だったのです。社長はとても心配して「次に何をすればいいか」との相談を受けましたが、「1年目はそれほど焦ることはない」と伝えました。

労働環境を変えるのは簡単ではありませんし、そのために本業に支障が出てしまっては、取り返しがつきません。すぐに対策を講じることよりも、「社長が本気で何かをしようとしている」のが従業員に伝わることが大事です。1年目は従業員の意識を変えることも含めて土台づくりを進め、2年目以降で少しずつ対策を講じていけばいいのです。

その企業は取り組みを始めてから3年目を迎えました。1年目と比べると従業員の意識もずいぶん変わりました。たとえば、1年目に私が従業員向けの研修を開いたときに、従業員から出た質問は少し挑戦的というか反発するようなものでした。

ある従業員は糖尿病を患っていましたが「糖尿病を先生が治してくれるわけじゃないんですよね?」と言いました。他の従業員にしても、いじわるな質問を投げかけてくる人がほとんどでした。

それが3年目になると大きく変わったのです。社長が産業医を活用し、社員の健康へ本気で取り組んでいることが、従業員へ伝わり、従業員自身も取り組もうというモチベーションが高くなっていったのです。

質問にしても、まったく内容が変わりました。糖尿病の人であれば「食事のとき、野菜を先に食べたほうがいいと聞いたが本当ですか？」など、実践につながるものが多くなりました。

このように社長自身も健康意識を強くもち、産業医と二人三脚で取り組むことが、社員の健康増進につながるポイントです。

休職からの復帰判断も産業医が有効

休職中の人が復職する際には「産業医面談」をするのが通常です。問題なく労働ができるかを判断するのです。とくに休職を繰り返しているような従業員は要注意です。

ある企業で「パニック発作」で休職していた従業員のケースを紹介します。その従業員が休職中、本人と実際に面談をしてみると、体調は良くはなっていない状態でした。

パニック発作は、起きていませんでしたが、本人の話を聞いてみると、直属の上司とのやり取りがきっかけになってパニック発作が起きていたようです。「復職してその上司と一緒に働くことはできるのか」を聞くと、その部分は乗り越えられていないとのことでした。

面談の結果は、その従業員の主治医にフィードバックしました。「休職中パニック発作は起きていないけれど、休職に至った主な原因である適応障害は克服できていないので、復帰は難しい」と伝えたのです。

休職していた従業員が復職を希望したとき、理由もなく断ることはできません。主治医は社内の事情まで理解していませんでしたから、「復職は可能」との判断を下したわけですが、実際にはパニック発作を引き起こした原因は克服できていなかったのです。そのまま復職してしまえば、同じことを繰り返したでしょう。

このように産業医という立場だからこそ、適切な判断ができるケースは少なくありません。

主治医と産業医は何が違うのか?

ある企業では、従業員の1人が体調不良で病院に行くと、「ストレスの原因は仕事」と診断されました。実際には、そう単純なものではなく、さまざまな要因が重なっていますから、仕事だけが原因ということはありません。

しかし、精神科医の立場では、ストレスの原因を少しでも減らそうと考えますから、「仕事を休んだほうがいい」となります。

私がこれまで関わってきた事例の中には、そもそも家族関係のトラブルが大きな原因になっていたり、家族の借金問題で悩んでいるケースもありました。

そんなときに病院で診察を受けると、「仕事を休みましょう」となります。家族のトラブルはすぐには解決できませんし、借金もなくなりません。だから、仕事のストレスを減らすしかないのです。結果、従業員が急に診断書を持ってきて、休んでしまうことが起こるのです。

しかし、社長だけでは事前にこのような事態を防ぐことはなかなかできません。社長がいくら従業員に気を遣っていても、従業員は仕事では頑張っているふりをします。そのため体調の変化や本音をなかなか見抜くことはできません。

だからこそ、そのような事態を防ぐために、従業員の〝サイン〟を見抜くことが重要です。産業医がいれば、従業員の相談に乗ることができますし、職場巡視を行い、ストレスがたまりやすい環境になっていないかなどをチェックすることができます。急に休職される前に、改善策を打ち出すことが可能なのです。

従業員にノルマを課すことは善か悪か

ノルマや納期など、ストレスがたまりやすい目標に対しても産業医のアドバイスが有効になることがあります。

ある企業で、営業マンの仕事をノルマ制にしている企業がありました。成績は常にランキングとして張り出されているので、一人ひとりの状況は一目で分かります。「会社の売上の3割をBさんが稼いでいる」とか、そんなことが一目瞭然です。

成績が悪い人にとっては大きなプレッシャーですが、上位にいる人はいる人で、ランキングが下がってしまったときのプレッシャーも相当なものらしいのです。

ノルマ制を導入した企業の様子を聞くと、最初はそれなりの効果があるようです。成績が上がることがモチベーションになって、営業成績の底上げにつながります。しかし、成績が上がると、次の目標も上がってしまいます。

「Cさんは今月、1億円を達成したから、来月は2億円を目標に頑張ってくれ」という具合です。1億円でも他の営業マンより頑張っているのに、なぜ2億円を目指さなければいけないのか、本人には理解できなくなります。

成績が悪いと上司に叱咤激励されて、自分を否定されたような気がします。「こんなに頑張っているのに分かってもらえない」と感じます。それが続くと、出勤の際に、突然動悸がして過換気になってパニック発作が起こるケースは少なくありません。

目標を設定するのは決して悪いことではありません。達成することで自分の存在価値を確認できます。しかし、会社から与えられた無理なノルマは逆効果になります。

ノルマに似ているのが納期です。

納期の厳しい業種では、従業員が適応障害になる可能性が高くなります。あるいは、間接部門に所属していて、板挟みになってしまう場合も同じです。さまざまな人の意見を聞かなければいけない立場で、上司が間違ったことを言っていても、その人の言うことに従わなければいけないといったことがストレスになります。

ただ、これは本人の受け止め方によって変わってくることもあります。実際に「上司が間違っていることを言って、それに従うのがストレスだ」という従業員の話を聞いたことがありますが、産業医の立場で客観的に見ると、上司の主張のほうが経営的に正しいと感じました。

つまり、従業員のメンタル不調はどんな職場でも起こり得る話です。だからこそ、産業医のような存在がいなければ、早期発見は困難です。気づいたときにはすでに手遅れのような状態になっている可能性が高いのです。

従業員の不調を企業がしっかりフォローしていれば離職率を下げることにつながります。また、人材不足のいまは採用に苦労する企業が少なくありません。とくに小規模事業所では、募集をしても応募者がゼロということもあります。そんな中で健康経営を実践している企業は、応募者からの評価も高く、求人募集で有利になります。

仕事のストレスはコントロールできる

ノルマに耐えられない従業員の場合、その仕事を辞めるのが一つの解決方法ですが、辞めたくない場合もあります。その場合は、本人に「どうしてノルマを達成したいと思っているのか」を聞いてみます。すると「上司に怒られるから」とか、「出世したいから」とか、さまざまな理由を話してくれます。

その中で自分がコントロールできるものを考えてみます。たとえば上司が怒らないようにする方法は何があるか。上司はノルマを達成していないだけで怒るのか、あるいは、ノルマを達成していないにもかかわらず反省している様子がないときに怒るのか、そうしたことを具体的に聞いていきます。もし、理由が後者であれば、本人の努力で回避することができます。

ただ、ストレスでメンタル不調になりパニック発作を起こす段階までいってしまうと、実際のストレスから引き離すのが先決です。しばらくは休むことになります。

早い段階で相談があれば、対策を講じることも可能です。たとえば、上司が問答無用で怒っているようであれば、産業医を通じて会社に話ができます。それで解決できれば、本人もメンタル不調を未然に防ぐことも可能になるかもしれません。

あるいは前述のように、本人のとらえ方が間違っていると思われる場合、視点を変えたりとらえ方の幅を広げることをアドバイスして状況が改善することもあります。

ノルマをストレスにしないための方法とは

従業員がメンタル不調に陥るのが怖いからノルマを課すことができないと考える社長もいます。ノルマを課しておきながら「達成しなくてもいいからね」と言うわけにはいかないからです。

ノルマを有効に活用する一つの方法として有効なのは、目標を達成できたときにはしっかり褒めることです。達成できなかったときには、ノルマが間違っていた可能性を会社が認めなければいけないでしょう。多くの企業にはそれがありません。

前述の営業マンの成績をランキングしている企業では、会社側がノルマを課しているわけでありません。ただ、ランキングを発表しているだけです。従業員の気持ちの中に、勝手にノルマができているのです。「少しでも順位を上げたい」、順位が上がれば「順位を下げたくない」と考えます。

変なノルマが自分自身の中に生まれてしまうのです。ですから、企業側の対応も難しくなります。

このように、企業側にそのつもりはなくても、本人が勝手にプレッシャーを感じることもあります。実際に、本人が気にしているほど、他の人はランキングを気にしていないことも多いのです。

しかし、本人がいったん気にし始めると、どんどんエスカレートします。ランキングが下がってしまうと、同僚に「あの人は残念だね」と思われるのではないかと心配になります。しかし、企業側からすれば、単に歩合の給与を計算するために成績を計算しているだけということもあるのです。

ノルマをプレッシャーにしない方法としては、毎月、ノルマを課すのではなく年に3回など、回数を限定するのも効果的です。毎月であれば重荷になりますが、年に数回であればモチベーションは上がる可能性が高いのです。

産業医の制度はどうなっている?

従業員の健康管理が重要であることは、ご理解いただけたと思いますが、実際に取り組みをするのは簡単ではありません。健康管理には専門知識が必要だからです。

そこで、企業が従業員の健康管理をする際のサポート役を担うのが産業医です。産業医は、従業員の健康管理等について、専門的な立場から企業に指導・助言を行う医師のことです。労働安全衛生法により、従業員数が50人以上の規模の事業場には産業医の選任が義務付けられています。

また、従業員の人数によって、選任する産業医の数も次のように決まっています。

(1) 労働者数50人以上3000人以下の規模の事業場……1人以上選任

(2) 労働者数3001人以上の規模の事業場……2人以上選任

また、常時1000人以上の労働者を使用する事業場と、次に掲げる業務(※)に常時500人以上の労働者を従事させる事業場では、その事業場に専属の産業医を選任しなければなりません。

※労働安全衛生規則第13条第1項第2号

イ　多量の高熱物体を取り扱う業務及び著しく暑熱な場所における業務

ロ　多量の低温物体を取り扱う業務及び著しく寒冷な場所における業務

ハ　ラジウム放射線、エックス線その他の有害放射線にさらされる業務
ニ　土石、獣毛等のじんあい又は粉末を著しく飛散する場所における業務
ホ　異常気圧下における業務
ヘ　さく岩機、鋲打機等の使用によって、身体に著しい振動を与える業務
ト　重量物の取扱い等重激な業務
チ　ボイラー製造等強烈な騒音を発する場所における業務
リ　坑内における業務
ヌ　深夜業を含む業務
ル　水銀、砒素、黄りん、弗化水素酸、塩酸、硝酸、硫酸、青酸、か性アルカリ、石炭酸その他これらに準ずる有害物を取り扱う業務
ヲ　鉛、水銀、クロム、砒素、黄りん、弗化水素、塩素、塩酸、硝酸、亜硫酸、硫酸、一酸化炭素、二硫化炭素、青酸、ベンゼン、アニリンその他これらに準ずる有害物のガス、蒸気又は粉じんを発散する場所における業務
ワ　病原体によって汚染のおそれが著しい業務

カ　その他厚生労働大臣が定める業務

産業医は医師であると同時に、企業の従業員の健康管理を支援するための専門知識をもっています。具体的には、次のいずれかの要件を備えた医師から選任することになります。

（1）厚生労働大臣の指定する者（日本医師会、産業医科大学）が行う研修を修了した者
（2）産業医の養成課程を設置している産業医科大学その他の大学で、厚生労働大臣が指定するものにおいて当該過程を修めて卒業し、その大学が行う実習を履修した者
（3）労働衛生コンサルタント試験に合格した者で、その試験区分が保健衛生である
（4）大学において労働衛生に関する科目を担当する教授、准教授、常勤講師又はこれらの経験者

産業医は従業員のために何をしてくれる？

企業に選任された産業医は、従業員の健康相談、定期健康診断、結果のチェック、健康

教育、あるいは、作業環境のチェック、職場巡視などを行います。職場の巡視とは、暗いところや狭い場所でパソコン作業していないか、など仕事をしている環境に問題はないかを確認することです。

これに関連して厚生労働省は、VDT症候群を防ぐためのガイドラインを公表しています。VDT症候群とは、コンピュータのディスプレイなど表示機器（Visual Display Terminals＝VDT）を使用した作業を長時間続けることで目や身体あるいは心に生じる症状をいいます。

ガイドラインは、パソコンなど、情報機器を使って作業を行う従業員の健康を守るためのもので、情報機器作業による労働者の心身の負担を軽減するために、企業が講ずべき措置がまとめられています。

たとえば、作業時間は次のように決められています。

作業時間等

イ　一日の作業時間情報機器作業が過度に長時間にわたり行われることのないように指導すること。

ロ　一連続作業時間及び作業休止時間一連続作業時間が1時間を超えないようにし、次の連続作業までの間に10分~15分の作業休止時間を設け、かつ、一連続作業時間内において1回~2回程度の小休止を設けるよう指導すること。

なぜ産業医は活躍できていないのか

2019年の4月から産業医は、1カ月の時間外休日労働時間が80時間を超え、かつ疲労の蓄積が認められる労働者の面談をしなければならないことになりました。

前述のガイドラインで企業が講ずべき措置が示されているので、比較的分かりやすいのですが、健康相談や健康教育の部分では、産業医がどう取り組むべきか、どんなサポートをすべきか、あいまいな部分があります。

たとえば、民間のクリニックが数多くありますから、かかりつけ医に健康相談をしている人も多いでしょう。会社で産業医に相談をすれば、すべて会社に知られてしまうから、かかりつけ医のほうが気軽に相談できると考える人も多いはずです。また、なんらかの症状があればクリニックに行きます。産業医でなければできないことは少ないのです。

このような状況ですから、企業にしても「法律で決まっているから仕方なく産業医を選任し、費用を負担している」との意識が強いでしょう。結果的に、産業医が何をしてくれるのかを企業側が理解することはなく、企業が産業医を活用できていないのです。

産業医の側も、それを専門にしている医師は多くありません。一般的には自分のクリニックで診療を行っていて、その傍らとして企業の産業医を務めています。企業側から相談がなければ、産業医も積極的に働きかけることもありません。個別の相談がなければ、法律で定められた型どおりの対応をするだけになってしまいます。

小規模事業者が産業医を選任するメリットは？

小規模事業者の場合は、産業医を選任する義務はありませんが、あえて選任することで従業員の病気の予防などがある程度可能になります。そのためには費用がかかりますが、経営者が考えているほど、高額ではありません。

各地の医師会によって報酬は変わりますが、たとえば愛知県医師会では、従業員数が100人以下の場合、報酬月額は5万円以上となっています。また、ストレスチェックを行う場合には、従業員1人あたり500円以上、ストレスチェックを実施後に産業医がアドバイスなどを行う際には、1回あたり2万1500円以上です。

そして、独立系の産業医が独自の報酬設定をして価格破壊をする動きもあります。その場合には、月額報酬が2万円の場合もありますし、10万円の場合もありますが多くは月額2万~3万円でしょう。

産業医の費用はどのくらいかかる?

ちなみに私が運営している産業医の選任義務のない従業員50人未満の企業向けの健康管理サービスの料金は次のようになっています。

■「社外健康管理室こころめいと」のサービス料金

「社外健康管理室こころめいと」とは、提携産業医の指導のもと、産業保健師、産業看護師、産業カウンセラー、臨床心理士などの専門スタッフが対応する健康管理サービスです。

[図表2]

嘱託産業医報酬の目安

愛知県医師会産業保健部会

1、基本月額報酬（ストレスチェック対応時の報酬を含まない）

従業員数	報酬月額	従業員数	報酬月額
100人以下	50,000円以上	501人～600人	125,000円以上
101人～200人	65,000円以上	601人～700人	140,000円以上
201人～300人	80,000円以上	701人～800人	155,000円以上
301人～400人	95,000円以上	801人～900人	170,000円以上
401人～500人	110,000円以上	901人～999人	185,000円以上

2、ストレスチェック報酬

対応内容	報酬額（1回あたり）
ストレスチェック実施者	500円以上／従業員1名あたり
ストレスチェック後の産業医活動実施	21,500円以上／1回あたり

3、悪性新生物、脳血管疾患、肝疾患、難病の患者に対する医療等に関する法律第5条に規定される指定難病等と診断された従業員への就労支援報酬

就労上の措置に関する意見等、当該従業員の就労と治療の両立に必要な情報を文書にて対応した場合　1従業員初回8,000円（但し、2回目以降は4,000円）

4、臨時出務手当

開業医が臨時の出務をした場合は、1回あたり20,000円以上を付加する。

5、その他

・雇入時の健康診断及び定期健康診断に係る費用は、診療報酬点数を基準に算定する。

・産業医が本会産業医傷害保険の加入を希望したときは、事業主は加入手続きを行い、当該保険料を負担する。

大企業の健康管理部門を社外にもっているようなイメージで利用できます。

□システム利用のみのプラン

必要最低限の健康管理システムの利用だけのプランですが、このシステムの特徴は産業医や保健師にオンラインで相談が可能です。

・従業員1人あたり月額100円（税別）

□オンライン保健室プラン

健康管理システムの利用はもちろん可能で、保健師、産業医とのオンライン面談が可能です。それに加えて定期健康診断の結果を集計分析し、事業所の健康管理プランを提案、実施します。産業医による職場巡視や研修会なども行い、事業所と伴走しながら健康管理をしていくプランです。

・従業員1人あたり月額300円（税別）

□健康管理フルサポートプラン

プラン名のとおり、健康管理に関する事務作業もすべて対応する、いわゆる丸投げプランです。ただしこれは3年間で終了となります。4年目以降は、その事業所に健康管理のPDCAが定着し、システム利用のみのプランで十分になり、時々保健師や産業医に相談すればよくなります。

・従業員1人あたり月額900円（税別）

■サービス内容

①健康診断後の事後措置

全従業員の健康診断結果を集計し、会社としての健康管理プランの提案が可能。会社独自の健康経営の実現に貢献します。集計により当事務所基準のB群、C群と判定された従業員のフォローを重点的に行います。

②健康や医療について気軽に直接相談できる相談窓口

電話、メール、ＬＩＮＥなどを利用して従業員の悩みに対応しています。当事務所独自の匿名性を保った状態で会社へフィードバックします。

相談窓口があることを従業員に周知していただくことで活用され、相談しやすい職場になり、メンタル不調の予防も期待できます。

③保健師面談

産業医に相談するほどでもない、気軽に相談したい場合などに保健師面談が好評です。Ｂ群、Ｃ群については保健師面談をお勧めしています。１回の面談は15分程度、オンラインで行います。プランにより費用が変わります。

④産業医面談

長時間労働者の面談など、法定の産業医面談を特別料金で受けることができます。１回の面談は30分程度でオンライン、対面で行います。15分あたり５０００円で行っています。

小規模事業者に合ったストレスチェックを提供

ストレスチェックにも対応しています。従業員50人以上の事業場はストレスチェックの実施が義務付けられていますが、それと同じ水準のストレスチェックを小規模事業者にも提供しています。結果をさまざまな指標で分析できます。他社のストレスチェックシステムとの違いは、機械的な分析だけではなく、産業医、保健師が面談等で認知しているその事業所の課題を基に分析しています。それにより、健康総合リスクなどを踏まえて対策に活かすことができます。

ストレスチェックを実施後は、結果に応じて企業が対応することが重要になります。私どものストレスチェックはただ実施しておしまいではありません。

ｗｅｂであれば従業員１人あたり３００円（税別）とサーバー保存代1万円（税別）で実施可能です。マークシートの場合は１人６００円（税別）となります。高ストレス者の面談も特別料金で利用可能です。長時間労働者・高ストレス者の産業医面談は1万円（税別）です。面談前に担当者から従業員の状況について確認します。面談後には報告書も作成しています。1回の面談は30分程度を想定しています。

ちょっと気になることを気軽に相談できる保健師面談（オンライン）もあります。「オンライン保健室プラン」利用中であれば特別料金で1時間6000円（税別）です。たとえば、社内の健康経営の取り組みとして、全従業員の短時間の面談を企画した場合、従業員1人15分程度で、3時間で12人を面談した場合は1万8000円（税別）です。

産業医の報酬は地域によっても異なります。先ほどは愛知県の医師会の報酬基準を紹介しましたが、もう一つ、東京・日本橋医師会の報酬基準を紹介しましょう。

従業員50人未満の場合、基本報酬は月額7万5000円からです。愛知県よりもだいぶ高く設定されています。産業医の報酬が高いのは、医師の時給をベースにして設定しているからだと思います。たとえば、内科医が半日3時間働いた場合には、時給換算で7万5000円程度に設定するのが相場です。

産業医として実際に企業でミーティングするのは1時間程度であっても、行き帰りの時間は拘束されますので、半日稼働と考えて報酬を設定しているのでしょう。

産業医の報酬は、小規模事業者にとってはハードルが高い設定になっていますし、都市部ではさらに割高になっているのです。

しかも、一般的な産業医は、あまり活用されていません。従業員が50人以上であれば選任しないといけないことになっているから、報酬を支払っているだけです。その点、私どもの場合は、社長がいつでも電話で相談できる体制をとっています。従業員は、あらかじめ決められた時間に面談などをするのですが、社長に関しては、疑問や困ったことがあったときには、その都度、いつでも相談を受けています。

「なぜ、割安な報酬にできるのか」と質問を受けることもあります。確かに、医師を雇うには高い報酬が必要です。そこで「社外健康管理室こころめいと」では、産業保健師と連携して役割分担しています。保健師は、主に健康管理を担う専門家です。保健師の中でも、企業で働く従業員の健康を管理する専門家を一般的に「産業保健師」と呼んでいます。

保健師は、国家資格を取得しています。「保健師助産師看護師法総則第2条」では、「厚生労働大臣の免許を受けて、保健師の名称を用いて、保健指導に従事することを業とする者」とされています。

私どもでは、まず保健師が状況を確認し、医師に相談して医師が対応を指示するかたち

［図表3］

平成28年4月

公益社団法人日本橋医師会会長　殿

産業医報酬基準額について

公益社団法人日本橋医師会
産業保健部委員会

産業医活動を積極的に行っている場合の報酬の基準額として適当と考えられる額について、嘱託産業医活動を行っている会員医師に対し産業保健部委員会によりヒヤリング調査を行い、その結果を集約して報告いたします。

産業医基本報酬額

労働者（人）	基本報酬月額（円）
50人未満	75,000～
50～199	100,000～
200～399	150,000～
400～599	200,000～
600～999	250,000～

※ストレスチェックや健康診断の実施、予防接種等の費用は含まない。
※労働安全衛生法の産業医業務には該当しないストレスチェックの実施者や共同実施者を、産業医として選任している医師が担当する場合の費用は、実施者の場合は20万円程度、共同実施者の場合は10万円程度が妥当と考えられる。
※ストレスチェックの面接指導の実施する場合は別途追加費用を必要とする。また、有害業務等への対応等の産業医業務の内容や、医師の産業医学の専門性に応じて基本報酬額に相当の加算を行うことが妥当と考えられる。

以上

にしています。

ですから、産業医の世界では、支払う報酬が高いからといって、それに見合う効果が得られるとは限らないのです。私どものように、本当に必要なところに必要なサービスを提供するために、割安な報酬でサービスを提供できる体制をいかに整えるかに苦心している独立系の産業医もいるのです。

小規模事業者へのおすすめは「健康診断＋産業医のサポート」

小規模事業者にまず導入してほしいと考えているのは、健康診断プラス産業医のサポートです。それを合理的な報酬で提供しています。そのときに大事なのは、相談窓口です。繰り返し説明しているように、何か心配事が起きたときに、従業員が直接相談できる窓口こそ重要です。心と身体の健康管理は相談することから始まります。それが産業医の役割です。健康診断と相談窓口の設置ができれば、そこから、身体の健康、心の健康の両方に対応できます。

多くの企業では、従業員が健康診断を受けても、本人に結果を渡して終わっています。

せっかくの診断が活かされていません。仮に健康診断の結果で何も問題がなかったとしても、その状態を維持して生活習慣病のリスクを下げるには、食事や運動などに気を配らなければなりません。

人間ドック学会では健康診断の結果を6段階に分けています。

（A）異常なし
（B）軽度異常あるも日常生活に支障なし
（C）軽度異常あり生活習慣改善、又は経過観察を要す
（D1）要医療
（D2）要精密検査（D1、D2判定不能の時は（D）とする）
（E）現在治療中

私どもでは、（A）の人は健康増進群、（B）、（C）は疾病予防群にしています。（B）の人は正常より少し異常に近い人、（C）の人は異常ではあっても半年後あるいは1年後に再検査でよい人です。（D1）、（D2）、（E）の人は、疾病治療両立群です。

健康診断では、結果によってこの6段階に分類し、（B）、（C）の人に対して、集中的

に健康教育を行います。（D1）（D2）（E）の人に関しては、企業側に働きかけて、再検査を受けてもらったり、治療が必要であれば、通院がしっかりできる環境を整えてもらいます。

また、治療と仕事を両立させるために会社がどんな注意をすればいいかも指導します。疾病治療両立群の人たちは、すでに病院にかかっていますから、本人への医師のアドバイスは病院で受けたほうがスムーズです。産業医の役割は企業への働きかけが中心になりますが、（B）、（C）の人たちはまだ、病院にかかっていませんから、本人に対する産業医の役割も大きくなります。（D1）（D2）（E）へ進まないように健康教育が重要になります。

社内での取り組みをサポートするのも産業医の役割だと考えています。若い従業員は（A）のケースが多いので、彼らをリーダーにして社内活動ができるのが理想だと考えています。以前は（A）だった人が（B）、（C）になった理由には仕事も関係があるはずです。それが何かを見極めて改善することで、いま（A）の人を（B）、（C）にならないようにする。さらに、いま（B）、（C）の人を（D1）（D2）（E）へ進まないようにするのです。

それを実現するには健康教育が重要なのです。従業員が自ら「健康診断を受けたほうがいい」と思えるようにすることが大事です。それには、やはり社長が本気になることも欠かせません。「社長が何かやり出した」ことが従業員に伝わり、トップ自ら健康診断を重視し、従業員の健康について真剣に考えている姿勢を見せることで社内は変わります。

健康診断を嫌がる従業員の意識はどう変えればいい?

その意味で産業医の役割は、健康教育によって従業員自身が健康への取り組みを始めるきっかけをつくることだと考えています。健康診断を嫌がる人には、病院嫌いや薬嫌いの人が多いのですが、病院や薬を好きになる必要はありません。

病院嫌いであればこそ、しっかり健康診断を受けて通院しなくて済むようにする、そんな意識をもってもらうことが健康教育です。多くの人は、病気をコントロールすることは不可能だと思っていますが、多くの病気はコントロールができることを知ってほしいと考えています。

私どもがサポートしている企業の中に、健康診断のあと必ず保健師が従業員一人ひとりと面談するようにしているところもあります。そのような企業は毎年どんどん従業員一人ひとりの健康リテラシーが上がり、ますます健康になっていきます。逆に健康診断を受けていない人は保健師面談の代わりに産業医が面談して、なぜ受けないのかを確かめます。そうした従業員の多くは「法律で決められているから行っているだけでしょ」とか「会社が責任逃れするためでしょ」などと言います。企業で実施する健康診断は、業務に支障を出さないためではありますが、それは本人のためでもあります。じっくり説明して、それを理解してもらうしかありません。産業医が説明することで、社長に言われるよりも効果が大きいケースもあります。

小規模事業者がいい産業医を選ぶポイントは？

ただ、産業医もさまざまです。実際に産業医を選ぶ際には、本当に従業員の健康に貢献してくれるかを見極める必要があります。ポイントの一つは、産業医には法律に定められた業務がありますから、その最低ラインをしっかり果たしてくれることです。

中には産業医として選任して報酬を支払っているのに、会社に一度も来たことがないという産業医もいます。産業医は従業員の健康管理が仕事ですから、会社を訪問して従業員の働いている様子を見るのは当たり前です。にもかかわらず、訪問しないのはあり得ません。「訪問しなくても、しっかりやっている」ことをアピールするのが上手な産業医もいます。そんなことにごまかされてはいけません。従業員数が50人以上の事業所であれば毎月1回の訪問が基本ですが、小規模事業者であれば、そこまでは必要ありません。しかし、少なくとも年に2回は訪問してくれることが最低限必要だと考えます。産業医を選ぶ際には、「年に何回、会社に来てくれるのですか?」と聞いてみるのもいいでしょう。そのときに、回数をぼかして答えるようであれば、要注意です。

また、契約前にもしっかり職場を見に来てくれるかどうかも大切です。従業員が働いている現場を見て、どんな健康リスクがあるかを確認しなければ、報酬の見積もりはできないはずです。現場を見ずに見積もりを出す産業医は信用できません。

最近はオンライン対応の産業医も増えています。オンラインならコストを抑えられますから、格安でサービスを提供しています。従業員の面談もオンラインで実施しています。

しかし、通達上は産業医は年1回は職場巡視をする、つまりその事業所に足を運んでいなければならないとされています。そうした義務をしっかり果たしているのか、確認する必要があります。

小規模事業者向けの助成金を有効活用

小規模事業者が産業医を活用する場合の助成金もあります。「小規模事業場産業医活動助成金」で①産業医コース、②保健師コース、③直接健康相談環境整備コースの3つがあります。

「産業医コース」は、小規模事業者が産業医の要件を備えた医師と契約を結んで、実際に産業医の活動が行われた場合に実費が助成されます。助成金は最大20万円です。

具体的な支給要件は次のとおりです。

・小規模事業場（常時50人未満の労働者を使用する事業場）であること。
・労働保険の適用事業場であること。
・2017年度以降、産業医の要件を備えた医師と職場巡視、健診異常所見者に関する意見聴取、保健指導等、産業医活動の全部又は一部を実施する契約を新たに締結していること。

・産業医が産業医活動の全部又は一部を実施していること。

・産業医活動を行う者は、自社の使用者・労働者以外の者であること。

［第3章］

従業員が病気になっても、治療と仕事を両立してもらうために――病気の従業員と企業の架け橋となる産業医の役割

従業員20人前後の企業の導入事例

この章では、実際に産業医を選任すると、どのような効果があるのかを見ていきましょう。企業によっては、産業医が健康面で関与することに、従業員が抵抗を示すこともあります。

「病気は個人的なこと」と考えている従業員も少なくありませんので、仕方のない面もあるのですが、従業員に反対されたからといって、健康管理を諦めてしまうと、企業の成長あるいは存続にさえも悪影響を及ぼすことがあります。

ここでは、「産業医が何をしてくれるか」だけでなく、企業が「産業医を上手に活用するにはどうすればいいか」が分かる事例をご紹介します。

美容院を何店舗か経営している企業がありました。その企業には、メンタル不調の人がとても多かったのです。社長から「メンタル不調をなんとかしたい」との依頼があり、関わるようになりました。私どもでは、最初に健康管理の土壌づくりをするために、健康相談窓口の設置を提案しています。職場の話をしやすい環境をつくることが大事だからです。

この企業の場合、従業員5人ほどの事業所が5カ所ありました。トータルの従業員数は25人ほどになります。このうちの一つの事業所だけ私どもが健康管理に関わることに最後まで反対していました。仕方なく、4つの事業所のみをサポートすることになりました。

実際に4つの事業所のサポートを開始してみると、多くの問題が浮かび上がってきました。一般的な企業よりもメンタル不調が多く、辞めていく従業員も少なくありませんでした。面談を重ねる中で見えてきた課題の一つは、職場に休憩する場所がなかったことでした。従業員は仕事のときはもちろん、休憩のときもずっと一緒に過ごしていました。後輩にしてみれば、ずっと先輩と一緒に過ごさなければならないのです。自由な時間がなく、常に業務をしていなければなりません。そんな環境に耐えられない従業員は少なくありません。まずは、この点から改善を試みました。15分でもいいから自由になる時間、1人になる時間をつくる取り組みは、従業員からも評判は良かったのです。

社長と店長の思いのすれ違いから生じたトラブル

受け入れをしなかった事業所の店長は、社長と考え方にすれ違いがありました。店長からすれば、福利厚生の一環として、メンタル不調の改善に取り組む前に、もっとやるべきことは他にあると考えていたのです。

たとえば、夏であれば水分補給をする設備が欲しい、あるいは、従業員のためのロッカーが欲しいとか、現実的な要望があったのです。だから、健康管理をするという社長の思いは届かなかったのです。

社長としても、設備の面を無視していたわけではありません。社長と話をしてみると、次年度の予算に入れていたのです。すぐに解決したかったのですが、資金力がないので少しずつ、整えていこうと考えていたのです。一方で従業員のメンタル不調はまったなしの状態だったので、まずは、健康管理を優先しただけなのです。

結局、社長の思いと店長の思いのすれ違いから生じたトラブルです。そこで、社長、店長、私の三者でじっくり話をしました。社長の思いを知った店長は、硬化させていた態度を一変させました。店長にしても、スタッフのことを思えばこその反発だったわけですから、根本的な思いは社長と同じです。

それがうまく伝わらないために、中堅従業員と対立構造になってしまうことは、小規模事業者ではよくあることです。一度、こじれてしまうと、当事者同士だけでは感情的になってしまい解決が難しいものです。そこで私どものような第三者が入って、双方の思いをじっくり聞くことで解決の糸口が見つかることがあります。

このような社内での抵抗があると、その部署を除いて健康管理を導入するケースが多いのですが、それでは余計にこじれてしまいます。従業員のために健康経営に取り組もうとしているのに逆効果です。まずは、そのような抵抗をどう説得するかに取り組むべきです。

前述のケースのように、ちょっとしたボタンの掛け違いが原因になっていることは少なくありません。社長と抵抗勢力のリーダー的な存在がじっくり話し合うことで解決できることも多いでしょう。それによって抵抗勢力が賛成に回ってくれれば、一気に取り組みが進みます。

抵抗勢力になっているということは、それだけ社内での影響力が大きいということです。抵抗勢力が現れた場合には、むしろチャンスと考えて解決に取り組むことが重要です。

とくに従業員数が10人前後の小規模企業ではこのようなトラブルが起きやすい傾向にあると感じます。ですから、私どもが産業医としてお手伝いを始める際には、最初に会議をするようにしています。いくつかの店舗を運営しているのであれば、各店長に集まってもらい意見を聞きます。

社長がカリスマ的な存在であれば、店長も従うのですが、従業員思いの社長ほど優しい人が多く、従業員の話を聞こうとするので、店長一人ひとりの意見を尊重し過ぎて収拾がつかなくなります。それが売上トップの店舗の店長であれば、なおさらです。社内だけではうまくいかない場合には、外部の力を借りるのも一つの方法だと思います。

従業員50人前後の企業の導入事例

従業員が50人前後になると、少し事情が変わります。この規模の企業の場合、社内の風通しがいいので、何かあると従業員の全員が知ってしまうような面があります。

紹介した事例の従業員は、がんに罹《かか》ってしまったのですが、従業員全員に知られてしまいました。次々と従業員がお見舞いに訪れ、本人としてはうれしくない事態になってしまいました。従業員からしてみれば、心配しての行動だったのですが、同僚であっても、あるいは同僚だからこそ、知られたくないこともあります。

とくに病気の場合は、「他の人に知られない権利」があると考えています。これが従業員10人前後の企業であれば諦めもつくかもしれません。自分が休むことで必ず誰かに影響が出ますので、理由をきちんと説明しなければなりません。

しかし、50人前後になると、ほとんど顔を合わせない従業員もいるはずです。にもかかわらず、個人的なことを知られてしまうのは本人も納得できない思いがあるでしょう。ほとんど交流のない人が入れ替わり病室に見舞いに来れば、疲れてしまいます。

産業医が早い段階から介入していることで、こうした事態も防ぐことができます。社内の限られた人だけがその人の病気のことを知るのにとどめて、適切な対応ができていたはずです。本人にしても人事担当や経営層が知るのは仕方がないと理解できるはずです。

企業としても、50人の従業員が見舞いに行ったら、相当な人件費をかけていることになります。にもかかわらず、本人は喜んでいないとしたら、これほど不幸なことはありません。本来なら、数人がお見舞いに行けば、本人も会社が心配してくれているとの満足感もありますし、負担にもなりません。

この点は難しい面があるのですが、本人が病気のことを知られたくないだろうと配慮して、誰もお見舞いに行かないと判断したケースも別の企業でありました。このとき病気をした従業員は、復帰後、すぐに退職しました。会社は自分のことを心配してくれなかったと感じてしまったのでしょう。

ですから、どういう配慮がいいかは難しいのですが、産業医はさまざまな事例を経験していますので、ベストに近いアドバイスをすることができます。

従業員数が50人前後になるとメンタル不調が増える

また、従業員数が50人前後になると、メンタル不調を起こす従業員の比率が明らかに上がります。また、1人がメンタル不調を起こすと、次々とメンタル不調の従業員が出るケースも多くなります。つまり、メンタル不調は本人だけではなく人間関係も含めた職場環境に問題があると考えられます。

それは一つの部署の中だけでなく、営業部に問題があれば、企画部にも同じ問題が潜んでいる可能性があります。たとえば、営業部でノルマで苦しんでいる従業員がいれば、企画部には上司からの指導が厳しくてストレスを抱える従業員がいるなど、部署が違っても同じ構造が存在しがちです。

そんな中で、どこかの部署で1人、メンタル不調を訴えると、「私もひどくなる前に休んでおこう」となるのかもしれません。従業員数が40人、50人の規模になると、社内がいくつかの部署に分かれるようになりますが、どこかの部署でメンタル不調が発生すると、他の部署にも広がっていくケースはよくあります。

メンタル不調に陥る人が、1人出てしまうと、2、3人は同じ思いを抱えている可能性があります。ですから、1人が出る前に防ぐための取り組みをしておくことが大事になります。私が面談をすると、「いまより条件のいい会社があればすぐにでも転職したい」と言う人が少なくありません。しかし、小規模事業所に勤務にしている従業員の場合、大企業の従業員と比べると、転職の際の条件も悪くなることが多いので、動き出せずにいるのです。不満があっても転職はできない、そんな中で徐々にメンタル不調に陥っていくのでしょう。

職人気質の従業員が多い製造業の導入事例

小規模事業者の社長は「うちの従業員は会社のことを想ってくれている」と考えるケースが多いのですが、社長が思うほどには、従業員に会社愛はありません。従業員には自分の生活がありますから、まずは自分や家族が大事であるのは当たり前です。

もっと良い船があれば、そちらに乗り換えようと考えているはずです。人材の流動性が高いのも従業員50人未満の企業の特徴だと思いますから、定着率を上げる工夫が必要になってきます。

たとえば、製造業では時代のニーズに応えるために、生産性を上げようと機械を導入することがあります。その結果、人の手でやっていたことが自動化され、それまで1日あたり製品を20個しか作れなかったのが２００個作れるようになったりします。

すると、ベテラン従業員で手作業しかしたことのない人は、自分の存在価値が揺らぎます。一方で人の手で作ったほうが精度は高い部分もありますから、技術の継承ができなくなっている面もあります。製造業の小規模事業者の場合、20代、30代が少なく、50代、60

代がバリバリ活躍しています。

他の業種と比較すると、20年ほど世代が違います。20代の新入社員が50代のベテラン社員に直接教えてもらうとなると、なかなかうまくいきません。20代にしてみれば分からないことがあっても聞きづらいですし、50代のベテランにしても、世代が違うのでどう教えればいいか分かりません。

50代の従業員が新入社員の頃は、先輩の仕事を見よう見まねで覚えた時代ですから、自分自身が教えてもらっていないので、新入社員に教えようと思ってもうまくいかないのです。加えて50代の従業員は納期や品質などに責任を負っているので、どうしても厳しくなってしまいます。

70代の職人の活躍でうまくいっている製造業の技能伝承

ある製造業の小規模事業者では、70代の職人が退職せずに仕事を続けていました。50代は第一線で仕事をしなければならないので、新入社員に仕事を教えている時間がありません。

そこで新入社員が何か分からないことがあると、70代のベテランに聞きにいきます。70代の職人は第一線から退いていますので、時間に余裕がありますし、若い従業員に自分の技術を承継できるのはうれしいことなので、喜んで教えます。そんな関係ができると、社内がうまく回っていきます。

このように製造業は職人気質の残る職場ですので、健康面でも問題を抱えていることが少なくありません。医師の指導に耳を傾ける人は少なく、自分勝手に判断してしまう人が少なくないのです。

たとえば、糖尿病の人が「食べなければいいんだろう」とジュースばかり飲んでいたりします。これは逆効果です。フルーツジュースを毎日飲むと、糖尿病リスクが上がるという調査結果もあります。それよりも、朝はしっかり栄養を取って、飲み物はジュースではなく、水やお茶がいいのです。

あるいは、病院を受診したとしても、血液検査して薬をもらったから、それで大丈夫だろうと考えてしまったりします。主治医にしても、受診後のフォローまではできないので、症状が悪くなると薬を増やすしか方法がないようなケースもあります。

職人気質の人はコミュニケーションが苦手な面もあります。病院を受診しても、主治医と話をするのは数分程度でしょう。その中で現在の状態を正確に伝えるのは難しい面があります。また、生活をどう改善すればいいかなど、自分から主治医に聞くこともあまりありません。

たとえば「最近、暑いからジュースをたくさん飲んじゃうんだけど大丈夫かなあ」と気軽に聞けるようなら、主治医もアドバイスができるのですが、そうではないケースが大半なので改善できません。

また、製造業には、いまだ喫煙の問題が多いのも現状です。若い世代は吸わなくなっていますが、ベテランは禁煙できないケースが多いようです。

直属の上司は忙しくてなかなか相談できず、話ができるのは上司がたばこを吸うときだけ、ということも少なくありません。それに耐えきれず若手従業員が辞めていくのですが、会社はそれに気づいていないことが少なくありません。

ある企業では、私がそれに気づいて、相談できる場所をつくることを提案し、相談室をつくってうまくいくようになりました。

産業医の立場で、企業を継続的に見ていくと気づくことは多くあります。その中には簡単に改善できることも多く、一つひとつ解決していけば、従業員の健康や職場の働きやすさは、ずいぶん改善するはずです。

顧客が最優先されるサービス業の導入事例

サービス業も同じです。以前、保育園の健康管理に携わったことがあります。保育の方針について検討する、職員会のようなものがありましたが、若い保育士はどうしても経験が少ないので、ベテランの保育士からアドバイスを受けると、自分を否定されたように感じてしまう面があります。

「あなたのやり方が間違っている」と言われたと受け取ってしまいがちなのです。先輩から「子どものためなんだから頑張れるでしょう」と精神論を持ち込まれると、反論できません。それが続いて、メンタルが耐えられなくなることがあります。とくに一人の保育士が槍玉に挙げられたり、集中攻撃を受けたりすることもあります。

これは介護職も同じです。援助の必要な人と実際に関わって支援や援助を行なう人を対人援助職といいます。対人援助職には、医師や看護師、介護職や教師、保育士、ソーシャルワーカーなどさまざまな仕事があります。

対人援助職に就いている人は、「顧客のために私たちは身を粉にして頑張らなければいけない」との責任感をもってしまいます。自分のことは後回しにして、援助する対象を優先しなければならないとの意識が強くなります。

前述の職員会のような検討会は、対人援助職ならどこの職場でもあり得ます。その運営がうまくいっていないケースは少なくありません。犠牲を強いられるような場面が多く、本人も「自分が悪いんだ」とネガティブな思考になってしまいます。

そうなってしまうと、先輩から優しい指導を受けても追い詰められていきます。最終的にメンタルが破たんしてしまいます。ノルマにしても「お客さまの役に立つ」との思いがあります。自分が会社に評価されるためには、お客さまから評価されなくてはなりません。

とくにサービス業はお客さまと会社のはざまに立つことになり、メンタル不調のリスクが高い傾向にあります。サービス業で産業医がサポートする際には、第三者として話を聞くことが第一です。

その上で、先輩たちはどうしてきたかなどを話して、「自分が必要以上に傷ついている」ことを気づかせてあげます。必要な場合には、産業医として休職を勧めることもあります。追い込まれている環境から、一度距離をおくことでリフレッシュできます。自分を客観的に見て、「今度はこうしていこう」と、もう一度頑張る気力も生まれてきます。

燃え尽き症候群や適応障害になってしまったとき、一度休職すると、落ちつくことがあります。小規模事業者の場合、産業医が社長と本人とで直接話ができるので、フォローがしやすい面があります。

病気の手前の従業員を休ませる判断は難しい

実際に病気になる手前の人を休ませるのは簡単ではありません。うつ病になりかけているケースでも、まだ薬は必要ではない、精神科を受診して「あなたは病気ではありません」と言われる段階でも、そのまま放っておくと本当に治療が必要な重篤な状況になってしまうおそれがあるケースはあります。

産業医としては、いったん休むことを勧めるのですが、企業としても本人としても、本当に休職の必要があるのか、判断が難しいことが多いのです。しかし、この段階で休んでおかないと、重篤な状態になってしまいます。サービス業では、そのような場面が多いのです。

企業が現状に追いついていない面もあります。休職する際には、企業が診断書を求めるケースが多いのが実情です。そのために病気に至っていない段階で休職するのは難しい現状があるのです。

産業医から従業員に「病院へ行き現状をしっかりと伝えて、休職のための診断書をもらってください」とアドバイスすることもあります。企業の中には、「産業医の判断でいいです」と休職を認めるところもありますが、全体としては少数派です。

また、産業医と社会保険労務士が連携できると、症状などが軽い段階の休職が実現しやすい面はあります。休職すると、その間は健康保険から傷病手当金が給付されたりしますので、手続き面では社会保険労務士のサポートが必要になります。

産業医と社会保険労務士を上手に活用できると、従業員の働きやすさをずいぶん改善できる可能性があるのです。

産業医の制度にも課題がある

最後にご紹介するのは、私が産業医の道を選んだきっかけになった事例です。「はじめに」でも簡単に触れましたが、産業医を選任している企業でも社員の健康管理が十分にできているとは限りません。本書では産業医を選任する意義について紹介していますが、産業医に任せきりにするのではなく、経営者が産業医と連携して従業員の健康管理をする必要があることを知っていただける事例だと思いますので、改めてご紹介します。

私は訪問診療をしています。病院に出向けない患者さんの自宅などに行って診療をするのです。往診といったほうが分かりやすいかもしれません。

あるとき往診した患者さんは54歳の男性でした。食道がんを患っていて、すでに食道が荒れて、口からは食べ物を取れない状態でした。首からチューブを入れて直接栄養を取っていたのですが、腹膜炎を起こして栄養を入れられなくなってしまいました。

そこで鎖骨の下に栄養を取り入れる点滴用のリザーバーを入れていました。点滴で栄養を入れて、腸閉塞になり逆流してきた腸液をチューブから排出するようなかたちでした。

身体に2本の管がつながった状態ですが、普通に動くことができます。

仮に山内さんとしましょう。山内さんには長男と長女、奥さまがいて4人暮らしでした。大企業の管理部門に勤めていましたが、抗がん剤の治療のために休むことが増えたので、会社から「休んで治療に専念するように」と言われました。

なにしろ身体に管が2本も入っているのですから、出社されても会社側がどう対応すればいいか困ってしまうでしょうし、会社としてもしっかりと治療して病気を治してから元気に復帰してほしいと思っていたと思います。

私が訪問診療で山内さんのお宅に訪れたとき、山内さんから「復職したい」と相談を受けました。山内さんが働いている企業には産業医がいましたから、私が産業医と相談することになりました。山内さんの仕事はデスクワークでしたから、そのときの状態でも復職は難しくありません。

山内さんの希望を聞いてすぐに産業医に電話しました。しかし、山内さんが産業医と面談できたのは1カ月後でした。その間にも病状は進んでいきました。山内さんにしてみれば、会社が復職をすぐに認めてくれなかったのは大きなショックです。「おまえはもう必要ない」と言われているようにも感じたでしょう。まだ働けるのに、会社から必要のない人間だと思われていることに落胆しました。「戻っても迷惑って思われているんだろうな」。山内さんはそのときの気持ちを私にこう言いました。私は「働く権利は誰にも奪えません」と山内さんに伝えて、1カ月後の産業医の面談に備えました。私は手紙を書いて、「何かあったときには、私もバックアップする」ことを産業医に伝えました。ようやく面談をしましたが、その産業医から返事が来たのは、さらに1カ月が経ってからでした。

その内容は「あまり人のいない部署で時短勤務をすることは可能か」というものでした。「まったく問題ない」と私は回答しました。しかし、最初に産業医に電話してから2カ月が経っていましたから、病状は進んでいました。2カ月前ならフルタイムで勤務することも不可能ではありませんでしたが、連絡が来た時点では、体力を考えて半日が適切だと判断しました。それも産業医に伝えました。

こんなにつらい思いをしてまで、なぜ会社に復帰したいのか、山内さんに聞いてみました。すると、「ただただ、勤め上げたい」とのことでした。60歳の定年まであと6年だから、全うしたいと。2人のお子さんはもう教育費もかからなくなる時期でしたから、お金が大変だというわけでもありません。ただ、働きたいと言うのです。

ようやく復職が実現しましたが、病状が進んでいたため、勤務できたのは2週間だけでした。それ以上は体力が続かず、朝起きても動けない状態でした。そのまま入院して治療をしましたが、亡くなりました。

私はそのとき、とても腹が立ちました。会社にも産業医にも悪気があったわけではありません。担当医としてもっと早く復職させてあげられなかったことに腹が立ったのです。

もし、すぐに復職できていれば、本人もやる気が出て病状の進行を抑えられたかもしれません。少なくとも、残された時間をもっと有意義に使えたはずです。60歳まで勤め上げることは難しかったでしょうが、病気になってもずっと仕事を続けたと、後悔のない人生になったのではないかと思ったのです。

ただこれは、産業医の世界の話なので、私が腹を立てても何も変わりません。産業医の常識を知らなかったので、産業医に文句を言うこともできないのです。対等に意見を言うには、自分が産業医になるしかありません。

山内さんが亡くなったあとに奥さまに聞いたのですが、仕事をできないことで病状が悪化した面があったようです。まず、食道がんであることが分かったときに、気力が落ちたそうです。そして、治療を始めたあとに、会社から「そんなに休んでいるなら、出社しないで治療に専念しろ」と言われたときに再びガクンと落ち込みました。さらに、復帰したいと言ったとき、すぐに許可が出なかったことにもショックを受けて、さらに気落ちしていたようです。

奥さまの話を聞いて、最初からしっかり支えることができれば、落ち込むことも避けられたのではないかと思います。

実際、産業医になってみて、山内さんの勤めていた会社の産業医に文句を言いに行く気持ちにはなりませんでした。

一般的に産業医が企業を訪問する回数は月に1回しかありません。月に1回出向いて、衛生委員会や健康管理業務などを行うのです。ですから、企業とのやり取りも1カ月ごとになってしまいます。おそらく、山内さんの復職になかなか許可が出なかったのも、次の会議が1カ月後だったからだと思います。それは残念過ぎます。

いまも私は産業医のかたわら、訪問診療で末期のがん患者さんが自宅で安心して過ごすことができるように、臨床医として支援しています。

　メンタル不調の人が増えていることも、私が産業医として活動している理由の一つです。大企業の産業医になりたいと思わなかったのは、大企業には産業医がすでにいるからです。私が参入する意味を感じませんでした。一方で小規模事業者に産業医がいるところはほとんどありません。私は救急医療や災害医療も経験していますし、在宅医療や精神医療も経験しています。

　ですから、小規模事業者の産業医として、あるいは地域医療の担い手として、幅広い方々の健康管理をするには最適だと考えています。

　また、大企業でもテレワークやワーケーションが広がってくると、従業員の健康管理を地域医療の担い手に任せる必要が出てくるかもしれません。

［第4章］

小規模事業者専門の産業医が小さな会社を救う

メンタル不調の従業員の一定数は訴訟を起こす

健康に不安のある従業員、とくにメンタル不調の従業員を放っておくことは、企業にとっても大きなリスクになります。

第1章でも紹介したように、不調をきたし辞めた従業員の一定数は、会社を相手に訴訟を起こします。それを機に産業医と契約する企業もありますし、ある企業は「1年前から契約していたことにしてください」と言ってきましたが、さすがにお断りしました。

仕事中に起きたケガであれば労働災害であることが明白なのですが、メンタル不調の場合は、原因が仕事かどうかを判断するのは、非常に難しくなります。訴訟になれば時間がかかります。

企業にとっては、たった一人の従業員のために、体力を消耗することにもなります。たとえ企業側に問題がなかったとしても、事業に悪影響を及ぼす可能性があるのです。

しかし、産業医が入っていれば、リスクを大きく下げることができます。訴訟がゼロになるとまでは言い切れませんが、確率を下げることができますし、仮に訴えられたとしても、スムーズに解決できるようになります。

企業側が従業員の健康について専門家に相談しているかどうかが責任の所在の判断に影響するからです。小規模事業者では社会保険労務士が健康問題まで引き受けているケースが多く、うまくサポートできずに訴訟に発展しているケースが多いのです。

従業員50人未満の事業場では産業医の選任義務がないことは、繰り返し説明してきましたが、専門家の意見を聞くことは法律で求められています。これを安全配慮義務と呼びますが、企業は規模にかかわらず従業員の安全に配慮しなければならないとされています。

小規模事業者でも従業員の健康管理は義務

従業員の健康管理は、企業の義務であることが法律で定められています。2008年に施行された労働契約法第5条には次のように書かれています。

■労働契約法

第5条

使用者は、労働契約に伴い、労働者がその生命、身体等の安全を確保しつつ労働することができるよう、必要な配慮をするものとする。

一般的に従業員（労働者）は、企業（使用者）に配属を決められ、指定された場所で企業が用意した設備などを使って、仕事をしています。ですから、労働契約の内容として具体的に定められていなくても、当然、企業は従業員を危険から保護する配慮をすべき安全配慮義務を負っているとされています。

これは、民法等の規定からは明らかになっていないため、労働契約法第5条において、「企業は当然に安全配慮義務を負うこと」を規定したものです。

「生命、身体等の安全」の中には、心身の健康も含まれています。「必要な配慮」とは、一律に決められるものではないため、企業に特定の措置は求められてはいません。従業員の職種、労務内容、労務提供場所などの具体的な状況に応じて、必要な配慮をすることが求められています。

その代わりに、労働安全衛生法をはじめとする労働安全衛生関係法令においては、企業が講ずべき具体的な措置が規定されていますので、これらは当然に遵守する必要があります。

労働契約法には罰則規定がありませんが、安全配慮義務を怠った場合には、損害賠償の対象になることがあります。実際に裁判で損害賠償を命じられたケースがあります。

安全配慮義務の内容を理解する上で参考になると思いますので、厚生労働省の「労働契約法のあらまし」に示されている裁判例を紹介しましょう。

一つ目は陸上自衛隊事件（最高裁昭和50年2月25日第三小法廷判決）です。

この事件は、陸上自衛隊員が、自衛隊内の車両整備工場で車両整備中、後退してきたトラックにひかれて死亡したケースで、国の公務員に対する安全配慮義務を認定したものです。

陸上自衛隊員のDさんは、自衛隊内の車両整備工場で車両整備中に後退してきたトラックにひかれて死亡しました。これを受けてDさんの両親Xさんらは、国Yに対し、損害賠償を求めて裁判を起こしました。Yは使用者として、自衛隊員の生命に危険がないように注意し、人的物的環境を整備し、安全管理の義務を負うべきにもかかわらず、これを怠ったとして訴えたのです。

判決では、国と国家公務員（公務員）との間における主要な義務として、法は、①公務員が職務に専念すべき義務、②法令及び上司の命令に従うべき義務を負うとされています。これに対し国は、公務員に対し給与支払い義務を負うことが定められています。

しかし、国の義務は給与の支払い義務だけでなく、国が決めた場所や設備などを利用して上司の指示で公務を執行する場合、公務員の生命及び健康等を危険から保護するよう配慮すべき義務（安全配慮義務）を負っていると理解すべきとされました。

安全配慮義務は国と公務員の間でも求められているのです。

もう一つの裁判例は、川義事件（最高裁昭和59年4月10日第三小法廷判決）です。宿直勤務中の従業員Eさんが盗賊に殺害された事件で、企業に損害賠償責任があるとされました。

判決では、雇用契約は従業員の労務提供と企業の報酬支払いをその基本内容とする双務有償契約ですが、通常の場合、従業員は、企業の指定した場所に配置され、企業の供給する設備や器具などを使って、労務の提供を行います。

よって企業は従業員の生命および身体等を危険から保護するよう「安全配慮義務」を負っているとされました。

このケースでは、企業はEさん1人に昭和53年8月13日午前9時から24時間の宿直勤務を命じ、宿直勤務の場所を本件社屋内、就寝場所を同社屋1階商品陳列場と指示しています。

よって、宿直勤務の場所である本件社屋内に、宿直勤務中に盗賊等が容易に侵入できないような物的設備を施し、かつ、万一盗賊が侵入した場合は盗賊から加えられるかもしれない危害を免れることができるような物的施設を設けることが求められます。

また、これら物的施設等を十分に整備することが困難であるときは、宿直員を増員したり、宿直員に対する安全教育を十分に行うなどして、Eさんの生命、身体等に危険が及ばないように配慮する義務があったとされました。

労働契約法では、このように企業には従業員に対し安全配慮義務があるとされているわけですが、その一環として健康管理責任があるとされています。

前述のように労働契約法には、企業が具体的に取り組むべきことは示されていませんが、労働安全衛生法をはじめとする労働安全衛生関係法令に示されている具体的措置は、講ずべきとされています。どのようなことが求められているのでしょうか。

労働安全衛生法では、従業員の健康管理に関わるものとして、メンタルヘルス対策、職場における受動喫煙防止対策、治療と職業生活の両立などが規定されています。

厚生労働省は2020年4月に「事業場における労働者の健康保持増進のための指針」を公表しました。これは、労働安全衛生法に規定されている「事業場において事業者が講ずるよう努めるべき労働者の健康の保持増進のための措置（健康保持増進措置）」が適切かつ有効に実施されるよう、原則的な実施方法を定めたものです。

企業は、この指針に基づいて、事業場内の産業保健スタッフなどや必要に応じて労働衛生機関、医療保険者または地域資源などの事業場外資源を活用して、健康保持増進措置を実施することが求められています。

なお、すべての措置を実施することが難しい場合には、できることから順次、取り組むのが望ましいとされています。

実際にどんな取り組みが求められているかを指針の内容に沿って見てみましょう。

［図表４］ 定期健康診断における有所見率の推移

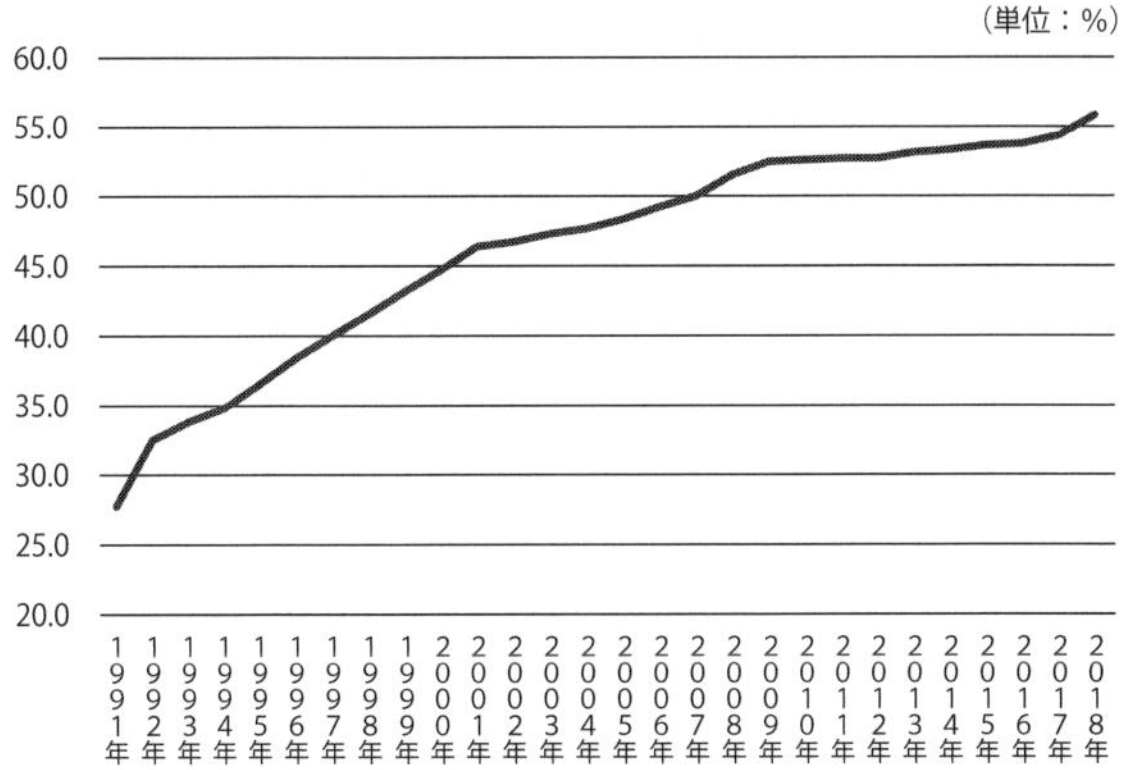

出典：厚生労働省「定期健康診断結果報告」

この指針が公表された背景には、定期健康診断を受診した従業員のうち、異常があると判定される人（有所見率）が増加傾向にあることや心疾患及び脳血管疾患の誘因となるメタボリックシンドローム（メタボ）が強く疑われる人が増加していることがあります。メタボ予備群は、男性の約3人に1人、女性の約5人に1人の割合に達しているといわれます。

これらは、高年齢労働者の増加や急速な技術革新の進展など社会経済情勢が変化したこと、あるいは労働者の就業意識や働き方が変化したり、業務が質的に変化したりしていることが影響を及ぼしていると考えられています。

また、仕事に関して強い不安やストレスを感じている従業員の割合が高い水準で推移しています。こうした従業員の心身の健康問題を解決するには、早い段階から健康教育などの予防対策に取り組むことが重要であると考えられています。

従業員の健康の保持増進を図ることは、労働生産性向上の点からも重要だと考えられています。

健康保持増進対策の基本的考え方とは

前述のように、メタボ予備群は、男性の約3人に1人、女性の約5人に1人の割合に達しているといわれていますが、生活習慣病予備群が生活習慣を改善する効果について、科学的根拠が国際的に蓄積されています。

それを受けて、生活習慣病予備群に対する効果的な介入プログラムが開発されてきました。また、メタボの診断基準が示され、内臓脂肪を減らすことが重要であることが分かっています。健康管理やメンタルヘルスケアなど、心身両面にわたる健康指導技術の開発も進んでいます。

これらにより、従業員を対象とした健康の保持増進活動が行えるようになっています。従業員の健康の保持増進には、従業員が自ら積極的に取り組むことが重要です。ただ、事業所には、従業員が自分の判断では取り除くことができない疾病増悪要因やストレス要因などが存在しています。

よって、従業員の健康を保持増進していくためには、企業が健康管理を積極的に推進していく必要があります。また、単に健康に悪いことを取り除くだけでなく、すべての労働生活を通じて継続的かつ計画的に心身両面にわたる積極的な健康保持増進を目指したものでなければなりません。

従業員の健康の保持増進のための具体的措置として、①運動指導、②メンタルヘルスケア、③栄養指導、④口腔保健指導、⑤保健指導等があり、事業所の状況に応じて措置を実施していかなければなりません。

さらに、企業は、健康保持増進対策を推進するに当たって、次の3つの項目に注意しなければなりません。

健康保持増進対策における対象の考え方

健康保持増進措置は、主に「生活習慣上の課題のある従業員向け」と、「生活習慣上の課題の有無に関わらない従業員全体向け」があります。企業は、2種類の措置の特徴を把握した上で効果的に組み合わせて健康保持増進対策に取り組むことが望ましいとされています。

従業員の積極的な参加を促すための取り組み

従業員の中には、健康増進に関心をもたない人もいます。このような従業員にも抵抗なく健康保持増進に取り組んでもらうことが重要です。そのためには、従業員の行動が無意識のうちに変化する環境づくりやスポーツなど、楽しみながら参加できる仕組みづくりも必要です。

こうした活動を通じて、企業は従業員が健康保持増進に取り組む文化や風土を醸成していくことが望ましいのです。

従業員の高齢化を見据えた取り組み

従業員が高年齢期を迎えても仕事を続けるには、心身両面の健康が維持されていなければなりません。年齢とともに筋量などが低下する中で健康状態の悪化を防ぐには、若年期からの運動の習慣化などが有効です。

健康保持増進措置を検討する際には、このような視点を盛り込むことが望ましいのです。

健康保持増進対策の推進に当たっての基本事項

企業は健康保持増進対策を中長期的視点で継続的かつ計画的に行うため、次の項目に沿って取り組んでいく必要があります。

また、健康保持増進対策の推進では、企業が従業員などの意見を聞きながら事業場の実態に合った取り組みをするため、労使、産業医、衛生管理者などで構成される衛生委員会などを活用して、次の項目に取り組み、内容について関係者に周知することが必要です。

なお、衛生委員会等の設置義務のない小規模事業者でも従業員などの意見が反映されるようにすることが必要です。

健康保持増進対策の推進は、事業場単位だけでなく、企業単位で取り組むことも考えられます。

《健康保持増進方針の表明》

企業は、健康保持増進方針を表明するものとします。健康保持増進方針は、事業場における従業員の健康の保持増進を図るための基本的な考え方を示すものであり、次の事項を含むものとします。

・企業が健康保持増進を積極的に支援すること
・従業員の健康の保持増進を図ること
・従業員の協力のもとに、健康保持増進対策を実施すること
・健康保持増進措置を適切に実施すること

《推進体制の確立》

企業は、事業場内の健康保持増進対策を推進するため、その実施体制を確立するものとします。

《課題の把握》

企業は、事業場における労働者の健康の保持増進に関する課題等を把握し、健康保持増進対策を推進するスタッフ等の専門的な知見も踏まえ、健康保持増進措置を検討するものとします。なお、課題の把握に当たっては、労働者の健康状態等が把握できる客観的な数値等を活用することが望ましいでしょう。

《健康保持増進目標の設定》

企業は、健康保持増進方針に基づき、把握した課題や過去の目標の達成状況を踏まえ、健康保持増進目標を設定し、当該目標において一定期間に達成すべき到達点を明らかにします。また、健康保持増進対策は、中長期的視点に立って、継続的かつ計画的に行われるようにする必要があることから、目標においても中長期的な指標を設定し、その達成のために計画を進めていくことが望ましいでしょう。

《健康保持増進措置の決定》

企業は、表明した健康保持増進方針、把握した課題及び設定した健康保持増進目標を踏まえ、事業場の実情も踏まえつつ、健康保持増進措置を決定します。

《健康保持増進計画の作成》

企業は、健康保持増進目標を達成するため、健康保持増進計画を作成するものとします。健康保持増進計画は、各事業場における労働安全衛生に関する計画の中に位置付けることが望ましいでしょう。

健康保持増進計画は具体的な実施事項、日程等について定めるものであり、次の事項を含むものとします。

・健康保持増進措置の内容及び実施時期に関する事項
・健康保持増進計画の期間に関する事項
・健康保持増進計画の実施状況の評価及び計画の見直しに関する事項

《健康保持増進計画の実施》

企業は、健康保持増進計画を適切かつ継続的に実施するものとします。また、健康保持増進計画を適切かつ継続的に実施するために必要な留意すべき事項を定めるものとします。

《実施結果の評価》

企業は、事業場における健康保持増進対策を、継続的かつ計画的に推進していくため、当該対策の実施結果などを評価し、新たな目標や措置等に反映させることで今後の取り組みを見直すものとします。

健康保持増進対策の推進に当たって事業場ごとに定める事項

次の項目は、健康保持増進対策の推進に当たって、効果的な推進体制を確立するための方法及び健康保持増進措置についての考え方を示したものです。

事業者は、各事業場の実態に即した適切な体制の確立及び実施内容について、それぞれ次の事項より選択し、実施するものとします。

《体制の確立》

企業は、次に掲げるスタッフや事業場外資源等を活用し、健康保持増進対策の実施体制を整備し、確立します。

イ　事業場内の推進スタッフ

事業場における健康保持増進対策の推進に当たっては、事業場の実情に応じて、事業者が、労働衛生などの知識を有している産業医など、衛生管理者など、事業場内の保健師などの事業場内産業保健スタッフ及び人事労務管理スタッフなどを活用し、各担当における役割を定めた上で、事業場内における体制を構築します。

また、たとえば労働者に対して運動プログラムを作成し、運動実践の指導ができる人、従業員にメンタルヘルスケアを実施できる人など、専門スタッフを養成し、活用することも有効です。

なお、健康保持増進措置を効果的に実施する上で、これらのスタッフは、専門分野における十分な知識・技能と労働衛生などについての知識をもっていることが必要です。このため、企業はこれらのスタッフに研修機会を与える等の能力の向上に努めます。

ロ　事業場外資源

健康保持増進対策の推進体制を確立するため、事業場内のスタッフを活用することに加え、事業場が取り組む内容や求めるサービスに応じて、健康保持増進に関し専門的な知識を有する各種の事業場外資源を活用します。

ただし、事業場外資源を活用する場合は、健康保持増進対策に関するサービスが適切に実施できる体制や、情報管理が適切に行われる体制が整備されているかなどについて、事前に確認します。

事業場外資源として考えられる機関などは以下のとおりです。

・労働衛生機関、中央労働災害防止協会、スポーツクラブ等の健康保持増進に関する支援を行う機関
・医療保険者
・地域の医師会や歯科医師会、地方公共団体等の地域資源

・産業保健総合支援センター

《健康保持増進措置の内容》

企業は、次の健康保持増進措置の具体的項目を実施します。

イ　健康指導

健康指導に当たっては、健康診断や必要に応じて行う健康測定等により労働者の健康状態を把握し、その結果に基づいて実施する必要があります。健康測定とは、健康指導を行うために実施される調査、測定などのことで疾病の早期発見に重点をおいた健康診断を活用しつつ、追加で生活状況調査や医学的検査などを実施するものとします。

なお、健康測定は、産業医などが中心となって行い、その結果に基づき各労働者の健康状態に応じた必要な指導を決定します。それに基づき、事業場内の推進スタッフなどが労働者に対して労働者自身の健康状況について理解を促すとともに、必要な健康指導を実施することが効果的です。

労働者の健康状態の把握を踏まえ実施される従業員に対する健康指導については、以下の項目を含むもの、または関係するものとします。また、企業は、希望する労働者に対して個別に健康相談等を行うように努めることが必要です。

・労働者の生活状況、希望等が十分に考慮され、運動の種類及び内容が安全に楽しくかつ効果的に実践できるよう配慮された運動指導
・ストレスに対する気づきへの援助、リラクゼーションの指導等のメンタルヘルスケア
・食習慣や食行動の改善に向けた栄養指導
・歯と口の健康づくりに向けた口腔保健指導
・勤務形態や生活習慣による健康上の問題を解決するために職場生活を通して行う、睡眠、喫煙、飲酒等に関する健康的な生活に向けた保健指導

ロ　その他の健康保持増進措置

イに掲げるものの他、健康教育、健康相談または、健康保持増進に関する啓発活動や環境づくりなどの内容も含むものとします。

なお、その他の健康保持増進措置を実施するに当たっても労働者の健康状態を事前に把握し、取り組むことが有用です。

健康保持増進対策の推進における留意事項

《客観的な数値の活用》

事業場の健康保持増進の問題点についての正確な把握や達成すべき目標の明確化などが可能となることから、課題の把握や目標の設定などでは、従業員の健康状態などを客観的に把握できる数値を活用することが望ましいでしょう。

数値については、たとえば、定期健康診断結果や医療保険者から提供される情報などを活用することが考えられます。

「労働者の心の健康の保持増進のための指針」との関係

この指針のメンタルヘルスケアとは、積極的な健康づくりを目指す人を対象にしたものであって、その内容は、ストレスに対する気づきへの援助、リラクゼーションの指導などであり、実施に当たっては、従業員の心の健康の保持増進のための指針（平成18年3月31

日健康保持増進のための指針公示第3号）を踏まえて、集団や従業員の状況に応じて適切に行われる必要があります。

また、健康保持増進措置として、メンタルヘルスケアとともに、運動指導、保健指導などを含めた取り組みを実施する必要があります。

《個人情報の保護への配慮》

健康保持増進対策を進める際には、健康情報を含む労働者の個人情報の保護に配慮することが極めて重要です。

健康情報を含む労働者の個人情報の保護は、個人情報の保護に関する法律及び労働者の心身の状態に関する情報の適正な取り扱いのために事業者が講ずべき措置に関する指針などの関連する指針などが定められており、個人情報を事業の用に供する個人情報取扱企業に対して、個人情報の利用目的の公表や通知、目的外の取り扱いの制限、安全管理措置、第三者提供の制限などを義務付けています。

また、個人情報取り扱い事業者以外の企業で健康情報を取り扱う者は、健康情報がとくに適正な取り扱いの厳格な実施を確保すべきものであることに十分留意し、その適正な取り扱いの確保に努めることとされています。

企業は、これらの法令などを遵守し、従業員の健康情報の適正な取り扱いを図るものとします。また、健康測定など健康保持増進の取り組みでは、その実施の事務に従事した人が、従業員から取得した健康情報を利用する際は、当該労働者の健康保持増進のために必要な範囲を超えて利用してはならないことに留意しなければなりません。

企業を含む第三者が、従業員本人の同意を得て健康情報を取得した場合であっても、これと同様です。

《記録の保存》

企業は、健康保持増進措置の実施の事務に従事した人の中から、担当者を指名し、健康測定の結果、運動指導の内容等健康保持増進措置に関する記録を保存させることが必要です。

安全配慮義務を怠ると損害保険も対象外に

安全配慮義務を怠っていると、仮に損害保険に加入していても、保険金が支払われないこともあります。ですから、専門家の意見を聞くことは非常に重要なのです。

企業にしても上司にしてもメンタル不調の理解度が低いこともトラブルの原因になります。小規模事業者でありがちなのが、メンタル不調になった従業員に対して「おまえは絶対に精神障害だから精神科に行ってこい」と無神経な発言をしてしまうことです。

部下がメンタル不調に陥った場合、病院へ行くようにとは言いにくい面があります。それが高じて前述のような言葉になってしまうのかしれませんが、産業医がいれば、「産業医の先生に相談してみたらどうだ」と勧めることができます。私が面談して、必要があれば根拠を示して「病院へ行きましょう」と本人を説得できます。

厚生労働省が定める職場におけるメンタルヘルス対策

厚生労働省では、従業員の安全と健康を守るための取り組みができるように「第13次労働災害防止計画」を策定しています。この計画では、2018年4月から2023年3月までの5年間で実施すべき主な内容が示されています。そのなかで、「職場におけるメンタルヘルス対策」が挙げられています。

実際にメンタルヘルス対策を進める上では、次のような3つの目標が示されているのです。

［メンタルヘルス対策の3つの目標］

・仕事上の不安、悩み又はストレスについて、職場に事業場外資源を含めた相談先がある労働者の割合を90％以上
・メンタルヘルス対策に取り組んでいる事業場の割合を80％以上
・ストレスチェック結果を集団分析し、その結果を活用した事業場の割合を60％以上

このような背景もあり、メンタルヘルス対策に取り組む企業は徐々に増えています。

厚生労働省の「職場における心の健康づくり」によると、2016年時点で取り組んで

いた企業は、56・6％でしたが、2017年には58・4％、2018年では59・2％となっています。約6割の企業が取り組みをしていることになります。

2018年時点で取り組んでいる企業を従業員の規模ごとに見ると、1000人以上では99・7％に達し、ほぼすべての企業が取り組んでいる状況です。

一方で小規模事業者でも半数以上が取り組みをしています。従業員30～49人では63・5％が、10～29人では51・6％の企業が取り組んでいます。

メンタルヘルス対策への取り組みは、企業にとってもはや不可欠な要素となりつつあるのです。

その背景には、経済・産業構造が変化する中で、仕事や職業生活に関する不安、悩み、ストレスが強くなっていることが挙げられます。

たとえば、厚生労働省の「労働安全衛生調査（実態調査）」によると、職場で強いストレスを感じている人は2018年時点で58％に達します。半数以上の人が強いストレスを感じていることになります。

[図表５］心の健康対策（メンタルヘルスケア）に
取り組んでいる事業所割合

（単位：％）

2016年	56.6
2017年	58.4
2018年	59.2

（事業所規模）

1000人以上	99.7
500～999人	99.2
300～499人	99.6
100～299人	97.7
50～99人	86.0
30～49人	63.5
10～29人	51.6

出典：厚生労働省「職場における心の健康づくり」

この数値は2013年時点でも52・3%でしたから、以前から強いストレスを感じている人は、相当数に上っていたことになります。

さらに、強いストレスになっていると感じる事柄がある従業員がどんなことにストレスを感じているのか（主なもの3つ以内）を見ると、「仕事の質・量」が59・4%と最も多く、「仕事の失敗、責任の発生等」34・0%、「対人関係（セクハラ・パワハラを含む）」31・3%と続いています。

メンタル不調で自殺に追い込まれる人が増加

また、仕事上のストレスで精神障害を発症したり、自殺したりしてしまうケースも増えています。厚生労働省の「過労死等の労災補償状況」を見ると、2019年度に精神障害で労災補償の支給決定（業務上と認定された件数）は509件でした。2015年度は472件でしたから、徐々に増加していることが分かります。

残念ながら自殺に追い込まれる従業員も相当数に上ります。2019年度の労災認定509件のうち、88件は自殺でした。

労災認定に至らなくても、仕事のストレスが原因で自殺に追い込まれる人は相当数いると考えられます。厚生労働省の「自殺の統計」を見ると、2019年の自殺者数は約2万人でした。

自殺の動機はさまざまですが、仕事の失敗や職場の人間関係、仕事の疲れなど勤務問題を原因とする自殺が2019年で1949件でした。

従業員のメンタル不調の原因の一つとなるのが「職場でのいじめや嫌がらせ」です。厚生労働省の「令和元年度個別労働紛争解決制度の施行状況」によると「いじめ・嫌がらせ」に関する民事上の個別労働紛争の相談件数が8年連続トップとなりました。

「個別労働紛争解決制度」は、個々の従業員と企業との間の労働条件や職場環境などをめぐるトラブルを未然に防止し、早期に解決を図るための制度です。解決方法には「総合労働相談」、都道府県労働局長による「助言・指導」、紛争調整委員会による「あっせん」の3つの方法があります。

このうち「総合労働相談」の件数は、約119万件でした。これを相談の内容別の割合

［図表6］ 精神障害の労災補償状況

		2015年度		2016年度		2017年度		2018年度		2019年度	
精神障害	請求件数	1515	(574)	1586	(627)	1732	(689)	1820	(788)	2060	(952)
	決定件数[注2]	1306	(492)	1355	(497)	1545	(605)	1461	(582)	1586	(688)
	うち支給決定件数[注3]	472	(146)	498	(168)	506	(160)	465	(163)	509	(179)
	［認定率］[注4]	［36.1%］	［29.7%］	［36.8%］	［33.8%］	［32.8%］	［26.4%］	［31.8%］	［28.0%］	［32.1%］	［26.0%］
うち自殺[注5]	請求件数	199	(15)	198	(18)	221	(14)	200	(22)	202	(16)
	決定件数	205	(16)	176	(14)	208	(14)	199	(21)	185	(17)
	うち支給決定件数	93	(5)	84	(2)	98	(4)	76	(4)	88	(4)
	［認定率］	［45.4%］	［31.3%］	［47.7%］	［14.3%］	［47.1%］	［28.6%］	［38.2%］	［19.0%］	［47.6%］	［23.5%］

出典：厚生労働省「過労死等の労災補償状況」

注
1 本表は、労働基準法施行規則別表第1の2第9号に係る精神障害について集計したものである。
2 決定件数は、当該年度内に業務上又は業務外の決定を行った件数で、当該年度以前に請求があったものを含む。
3 支給決定件数は、決定件数のうち「業務上」と認定した件数である。
4 認定率は、支給決定件数を決定件数で除した数である。
5 自殺は、未遂を含む件数である。
6 （ ）内は女性の件数で、内数である。なお、認定率の（ ）内は、女性の支給決定件数を決定件数で除した数である。

を見ると、いじめ・嫌がらせが25・5%でトップでした。このあとに自己都合退職11・7%、解雇10・1%と続きます。

このような状況を受けて、職場において積極的に心の健康の保持増進を図ることが重要になっていると考えられています。

厚生労働省は「労働者の心の健康の保持増進のための指針」を定めて、職場におけるメンタルヘルス対策を推進しています。この指針は、労働安全衛生法第70条の2第1項の規定に基づくもので、同法第69条第1項の措置の適切かつ有効な実施を図るための指針とされています。企業が実施するメンタルヘルスケアの原則的な方法が定められています。

なお、労働安全衛生法の第69条と第70条には次のように示されています。

■労働安全衛生法

（健康教育等）

第69条　事業者は、労働者に対する健康教育及び健康相談その他労働者の健康の保持増進を図るため必要な措置を継続的かつ計画的に講ずるように努めなければならない。

2　労働者は、前項の事業者が講ずる措置を利用して、その健康の保持増進に努めるものとする。

（体育活動等についての便宜供与等）

第70条　事業者は、前条第一項に定めるもののほか、労働者の健康の保持増進を図るため、体育活動、レクリエーションその他の活動についての便宜を供与する等必要な措置を講ずるように努めなければならない。

（健康の保持増進のための指針の公表等）

第70条の2　厚生労働大臣は、第69条第1項の事業者が講ずべき健康の保持増進のための措置に関して、その適切かつ有効な実施を図るため必要な指針を公表するものとする。

2　厚生労働大臣は、前項の指針に従い、事業者又はその団体に対し、必要な指導等を行うことができる。

（健康診査等指針との調和）

第70条の3　第六十六条第一項の厚生労働省令、第六十六条の五第二項の指針、第六十六条の六の厚生労働省令及び前条第一項の指針は、健康増進法第九条第一項に規定する健康診査等指針と調和が保たれたものでなければならない。

「労働者の心の健康の保持増進のための指針」では、メンタルヘルスケアでどのような実施方法が示されているのか、概要を見てみましょう。

メンタルヘルスケア対策を実施するに当たり、企業はストレスチェック制度を含め、メンタルヘルスケアを積極的に推進することへの表明が求められています。また、衛生委員会等において十分調査審議を行い、「心の健康づくり計画」やストレスチェック制度の実施方法等に関する規程を策定する必要があります。

その実施に当たっては、ストレスチェック制度の活用や職場環境等の改善によって、3つの予防が必要だとされています。

□メンタル不調の3つの予防

[一次予防] メンタルヘルス不調を未然に防止する

[二次予防] メンタルヘルス不調を早期に発見し、適切な措置を行う

［三次予防］メンタルヘルス不調となった従業員の職場復帰の支援等を行う

実際の取り組みでは、従業員に対し、教育研修や情報提供を行い、「4つのケア」を効果的に推進することも求められています。

なお、メンタルヘルスケアを推進するに当たって4つの留意事項も示されています。

□メンタルヘルスケアの4つの留意事項

①心の健康問題の特性

心の健康については、その評価には、本人から心身の状況の情報を取得する必要があります。また、心の健康問題の発生過程には個人差が大きいため、そのプロセスの把握が困難です。さらに、すべての従業員が心の問題を抱える可能性があるにもかかわらず、心の健康問題を抱える従業員に対して、健康問題以外の観点から評価が行われる傾向が強いとの問題があることを理解する必要があります。

②労働者の個人情報の保護への配慮

メンタルヘルスケアを進めるに当たっては、健康情報を含む従業員の個人情報の保護及び従業員の意思の尊重に留意することが重要です。心の健康に関する情報の収集及び利用に当たり、従業員の個人情報の保護を配慮することは、従業員が安心してメンタルヘルスケアに参加できることにつながります。

③人事労務管理との関係

従業員の心の健康は、職場配置、人事異動、職場の組織などの人事労務管理と密接に関係する要因によって、大きな影響を受けます。メンタルヘルスケアは、人事労務管理と連携しなければ、適切に進まない場合が多いと考えられます。

④家庭・個人生活などの職場以外の問題

心の健康問題は、職場のストレス要因のみならず家庭・個人生活など職場外のストレス要因の影響を受けている場合も多くあります。また、個人の要因等も心の健康問題に影響を与えます。これらは複雑に関係し、相互に影響し合う場合が多いことを理解する必要があります。

企業がメンタルヘルスケアに取り組むには、まず、衛生委員会を設置します。従業員の意見を聞きながら、職場の実態に合った取り組みを行う必要があるからです。「心の健康づくり計画」の策定や具体的な実施方法や個人情報の保護に関する規程などの策定をする際に衛生委員会などで十分に調査・検討を行います。

労働安全衛生法では、第18条で「事業者は、政令で定める規模の事業場ごとに、次の事項を調査審議させ、事業者に対し意見を述べさせるため、衛生委員会を設けなければならない」としています。

実際に従業員の意見を聞き、職場の実態に合った取り組みを行うために、衛生委員会などが十分に調査・検討を行い、「心の健康づくり計画」を策定します。「心の健康づくり計画」には次の事項を盛り込むことが求められています。

□心の健康づくり計画に盛り込む事項

・事業者がメンタルヘルスケアを積極的に推進する旨の表明に関すること
・事業場における心の健康づくりの体制の整備に関すること
・事業場における問題点の把握及びメンタルヘルスケアの実施に関すること
・メンタルヘルスケアを行うために必要な人材の確保及び事業場外資源の活用に関すること
・労働者の健康情報の保護に関すること
・心の健康づくり計画の実施状況の評価及び計画の見直しに関すること
・その他労働者の心の健康づくりに必要な措置に関すること

4つのメンタルヘルスケアの推進

メンタルヘルスケアでは、4つのケアが計画的に、継続的に行われることが重要とされています。4つとは「セルフケア」、「ラインによるケア」、「事業場内産業保健スタッフ等によるケア」、「事業場外資源によるケア」です。

●セルフケア

セルフケアは、従業員が自らストレスに気づき、これに対処するための知識、方法を身につけ、実施することです。ストレスに気づくには、本人が心の健康について理解したり、ストレスを受けたときの反応などの知識を身につけておく必要があります。

ストレスを感じているときには、身体面、心理面、行動面に反応が表れます。これを「ストレス反応」と呼びます。

たとえば、ひどく疲れたり、落ちつかないと感じたり、何をするのも面倒になってしまうのも、その反応であるかもしれません。

ただ、ストレス反応が出てもその要因が何であるかに気づくのは難しいものです。働く上でストレスは避けられませんので、ストレスと上手に付き合うことが大切です。

ストレスと上手に付き合う方法の一つに、自分に合ったリラクゼーション法を身につけることが考えられます。手軽な方法としては呼吸法（腹式呼吸）が知られています。自宅や職場など、場所を選ばず短時間で簡単に行えるのが特徴です。

ストレッチも効果的です。座っていても立っていても、長時間同じ姿勢でいると筋肉は緊張します。仕事の量が多かったり、人間関係がうまくいかなかったりしてストレスを感じているときにも筋肉は緊張します。

ストレッチで筋肉をゆっくり伸ばすと、筋肉の緊張がゆるみ血行が良くなり、心身のリラックスにつながります。適度な運動も効果が期待できます。楽しみながら行う運動はストレス解消につながります。

睡眠とストレスも大きな関わりがあります。気持ちよく眠れたあとは、ストレスも解消しているはずです。もし、日中に眠くなるようでしたら、睡眠時間が足りていない、睡眠の質が悪い可能性があります。また昼寝も効果的です。15分ほど昼寝をすると仕事の効率アップにつながるといわれています。

人との交流もいいでしょう。家族や友人などとおしゃべりをすると、気持ちが整理されて、不安が解消されることもあります。笑いも健康につながります。笑いは自律神経のバランスを整える効果があり、免疫力を正常化する効果があるといわれています。

仕事でストレスを感じている場合には、仕事から距離をおく時間も大切です。自分の好きなことに挑戦する時間を大切にしましょう。気分転換につながり、仕事に戻った際には意欲が高まります。仕事とは関係のない人間関係が生まれることで、生活の幅が広がります。

お酒を飲むことがストレスの解消につながる場合もありますが、注意が必要です。量と頻度をコントロールすることが必要です。

●ラインによるケア

ラインによるケアは部長・課長などの管理監督者が、「いつもとは違う」部下の様子にいち早く気づき、相談を受けたり、職場の環境を改善したりする対応です。

部長・課長などの管理監督者には、社長などの経営層から従業員に対して指揮・命令をする権限が与えられています。これに基づき、部下に指示をして業務を遂行します。そして、結果によって部下の評価もします。

管理監督者には部下の健康に配慮する役割も求められています。そのためには、部下の健康状態を把握する必要があります。

部下の健康状態を把握する上で大切なのは、管理監督者が部下をよく観察して、いつもと違う様子であれば、早く気づくようにすることです。日頃から部下の行動パターンや人間関係のもち方に気を配っておきましょう。

いつもと違う様子は、部下によって異なりますが、たとえば次のような行動が挙げられます。

・遅刻、早退、欠勤が増える
・休みの連絡がない（無断欠勤がある）
・残業、休日出勤が不釣合いに増える
・仕事の能率が悪くなる。思考力・判断力が低下する
・業務の結果がなかなか出てこない
・報告や相談、職場での会話がなくなる（あるいはその逆）
・表情に活気がなく、動作にも元気がない（あるいはその逆）
・不自然な言動が目立つ
・ミスや事故が目立つ

・服装が乱れたり、衣服が不潔であったりする

部下にいつもと違う様子が見られたときには、管理監督者はなんらかの対応をしなければなりません。その背後に病気が隠れていることもあるので、まずはそれを確認しなければならないのです。

病気かどうかの判断は、専門的な知識が必要です。一般的には産業医などの仕事になります。管理監督者は部下の話をよく聞き、産業医への相談を勧めたり、管理監督者が産業医に相談することが望まれます。

健康問題にかかわらず、管理監督者は日頃から部下の話に耳を傾けなければなりません。部下の話をじっくりと聞くことを「傾聴」と呼びます。とくに「積極的傾聴」は、相手の話を聞く技法の一つとして知られています。

もともと「積極的傾聴」は、米国の心理学者であるカール・ロジャーズ氏が提唱したものです。ロジャーズ氏は、自らが行ったカウンセリング事例を分析し、カウンセリングが有効だった事例の共通点を探り、聞く側の3要素をまとめました。それは「共感的理解」、

「無条件の肯定的関心」、「自己一致」です。

「共感的理解」は相手の話を、相手の立場に立って、相手の気持ちに共感しながら理解しようとするものです。

「無条件の肯定的関心」は相手の話を聞く際に、善悪の評価や好き嫌いを入れないことです。相手の話を否定せず、なぜそのように考えたのか、肯定的な関心をもってきくことです。それにより、相手は安心して話をすることができます。

「自己一致」は、話が分かりにくい際には、聞き手が話し手に分かりにくいことを伝えて、真意を確認することです。分からないことをそのままにしておくのはよくありません。

管理監督者が積極的傾聴など適切な対応ができるようにするために、経営層は管理監督者に技術を習得する機会を与えることが重要です。

部下に産業医への相談を勧めても、抵抗を示す場合もあります。その理由は「人に悩みを相談することに抵抗がある」、「周囲から変な目で見られるかもしれない」、「忙しい管理監督者に迷惑をかけたくない」など、さまざまです。

その場合は、強制せずに「代わりに私が相談に行ってくるよ」など本人に伝えた上で、管理監督者が産業医などの専門家に直接相談し、対処法についてアドバイスを受けるといいでしょう。

ラインによるケアを実施する際、管理監督者は、部下の健康情報を含む個人情報を保護しなければなりません。情報の収集・管理・使用に際しては本人の同意を得ることが法令によって原則とされています。

職場環境改善の5つのステップ

職場環境の改善を実施するためには、職場全体で取り組むことが大切です。その際にも管理監督者は積極的に取り組まなければなりません。厚生労働省の「ラインによるケアとしての取組み内容」では、実際の環境改善は5つのステップで進めるのが良いといわれています。

ステップ1● 職場環境などの評価

職場環境などの改善では、まず職場ごとのストレス要因の現状を知る必要があります。

管理監督者は日常的な観察を行うと同時に、産業保健スタッフによる職場巡視、労働者からのヒアリング結果なども参考にして現状の把握に努めます。また、ストレスチェック結果の集団ごとの分析結果から得られる「仕事のストレス判定図」では、ストレス調査により職場単位でのストレスの数値化が可能です。

ステップ2● 職場環境などのための組織づくり

職場環境などの改善をするには、産業医や衛生管理者などの産業保健スタッフだけではなく、改善を実施する職場の責任者（上司）の理解と協力が欠かせません。そのためには職場環境などの評価結果を上司に伝え、改善への協力を依頼します。職場環境の改善に関する管理職向けの教育研修なども重要になります。

そして、改善を進めるための企画・推進を行うワーキンググループを組織します。メンバーは、産業保健スタッフと上司だけでなく人事・労務担当者が参加することが効果的なケースもあります。また、改善を効果的に進めるには、該当の職場の従業員から代表者を選んで参加してもらうのもいいでしょう。

ステップ3● 改善計画の立案

ストレスチェック結果の集団ごとの分析結果や職場巡視の結果を基にして、職場の管理監督者や従業員の意見を聞いて、何がストレスの要因となっているか、可能性のある課題をリストアップします。

次に、リストアップした課題について関係者や従業員参加型のグループで議論を行い、改善計画を立案します。

ステップ4● 対策の実施

計画ができあがったら、それに沿って対策を実行します。その後は、計画どおりに実行されているか、問題は起きていないかなど進捗状況を継続的に確認する必要があります。対策が途中で立ち消えにならないようにしなければなりません。なお、対策の実施状況や効果を発表する機会を設定しておくと、進捗管理が容易になることがあります。

ステップ5● 改善の効果評価

改善が完了した段階では、効果を評価します。その方法には2種類あります。プロセス評価とアウトカム評価です。

プロセスの評価では、対策が計画どおり実施されたかどうかを判定します。もし、計画どおりに実施されなかった場合には、何が問題であったかを具体的に考えます。

アウトカムの評価では、目的となる指標が改善したかどうかを判定します。たとえばストレス調査や健康診断の結果が対策の前後でどう変わったかを見る方法などがあります。一般的に職場環境の改善が疾病休職などの軽減に表れるには数年以上かかるので、効果の評価は急ぎ過ぎないことも重要です。

職場復帰した部下へのサポート

ラインによるケアでは、職場に復帰した部下へのサポートも重要です。管理監督者の立場では、「復帰した以上は仕事で成果を出してほしい」と考えることは、当然です。しかし、しばらくの間、仕事を休んでいた従業員に病気になる前と同じ質と量の仕事を期待するのは難しいでしょう。

また、職場に復帰した従業員は、「自分はどう思われているのだろうか」、「うまく適応できるだろうか」、「病気がまた悪くなるのではないか」など、さまざまな心配をしています。そうした気持ちを受け止めることも、管理監督者の役割です。また、復帰した従業員にとっても「上司が自分を分かってくれている」と感じることができれば、復帰後のストレスも軽減されます。それは、同じ職場で働く他の部下たちの緊張を和らげる効果もあります。

事業場内産業保健スタッフなどによるケア

「事業場内産業保健スタッフ」とは、産業医、衛生管理者、労働安全衛生担当者など、企業内で産業保健に関わるスタッフのことです。事業場内産業保健スタッフは、セルフケアやラインによるケアが効果的に実施されるように従業員や管理監督者の支援をするとともに、職場のメンタルヘルスケアの企画立案、個人の健康情報の取り扱い、企業外とのネットワーク形成などの役割を担います。

事業場内産業保健スタッフの中から、常勤者を「事業場内メンタルヘルス推進担当者」に選任しましょう。事業場内メンタルヘルス推進担当者は、職場のメンタルヘルス対策の企画、実施、相談窓口、調整の役割を担うことが求められます。

事業場内産業保健スタッフは、2000年に策定された旧メンタルヘルス指針で役割が定義付けられましたが、従業員が50人未満の事業場では産業医や衛生管理者などが選任されていなかったり、保健師などが常勤でないケースが多くあります。

そのため、2006年に策定された新しいメンタルヘルス指針では、人事労務スタッフを含む事業場内産業保健スタッフの中から、常勤者を「事業場内メンタルヘルス推進担当者」として選任することになりました。

職場のメンタルヘルス対策には、「衛生委員会の実施」や「産業医等の選任」(従業員50人以上の事業場)など「労働安全衛生法」で義務付けられているものと、「心の健康づくり計画の策定」など努力目標とされているものの2種類があります。

一方で対応方法の面から見ると、「組織」としての対応と「個人」への対応に分けることもできます。法律で義務付けられているものを、最優先に取り組みながら、他の項目はできるところから、実践するのがいいでしょう。

「衛生委員会の実施」では、職場環境の調査方法を話し合ったり、調査した結果を分析して対策の内容を決定したりします。従業員が50人以上の事業場では「産業医等の選任」が義務付けられています。また、衛生管理者等を選任する必要もあります。衛生管理者は産業医などの指導・助言を受けて、衛生にかかる技術的な事項を担当します。

メンタル不調の従業員が発生した場合に、情報を一元管理することが重要です。そのために担当窓口を決めておくといいでしょう。メンタルヘルス不調による休職者の有無、人数や休職日数等、心の健康問題に関わる職場の現状を把握する体制を整備することが重要です。

また、メンタルヘルス対策は中長期に計画的に進める必要があります。そのためには「心の健康づくり計画」を策定するのがいいでしょう。計画には次のような項目を盛り込みます。

1　経営者がメンタルヘルスケアを積極的に推進する旨の表明に関すること
2　企業における心の健康づくりの体制の整備に関すること

3　企業における問題点の把握及びメンタルヘルスケアの実施に関すること
4　メンタルヘルスケアを行うために必要な人材の確保及び事業場外資源の活用に関すること
5　従業員の健康情報の保護に関すること
6　心の健康づくり計画の実施状況の評価及び計画の見直しに関すること
7　その他労働者の心の健康づくりに必要な措置に関すること
※出典：厚生労働省「こころの耳」

メンタルヘルス対策では、職場が抱える問題などに応じて、専門的知識を保有する外部の力を活用することが有効です。また、従業員が相談内容などを職場に知られたくないと考えることも少なくありません。その面でも外部のサービスなどを利用することは有効です。

一方で事業場内産業保健スタッフは、従業員がセルフケアを実施しやすいように、あるいは管理監督者がラインによるケアを有効に行うために、教育研修を行う必要があります。

実施方法は、講義形式だけの研修よりも、体験型、参加型を組み合わせた方法が効果的です。

また、事業場内産業保健スタッフは、セルフケアとラインによるケアがうまく機能するようなサポートを行います。前述のように管理監督者は部下の様子がいつもと違うことにいち早く気づくことが重要ですが、仮に気づいて声を掛けても、それを引き継いでくれる専門家がいなければ効果的な対策は講じられません。

事業場内産業保健スタッフは、従業員や管理監督者が把握した課題を受け止める必要があります。その上で自分の力では対応が難しい場合、社内外の人的資源を活用する仕組みをつくる必要があります。

従業員に精神医学的な問題がありそうだと判断された場合には、精神科医等専門の医師との連携が必要になります。一般的には保健師などが相談内容を整理して、産業医面談が必要かどうかを判断します。

産業医が面談する場合には、仕事を続けられる状態か、何か配慮が必要かなどを判断します。産業医は必要に応じて専門医療機関と連携し、従業員に診察を促し、その結果によって病状の判断を行います。

病気などにより休職していた従業員が復帰する際のプログラムも策定しておく必要があります。このような職場復帰支援は、復帰時の短い期間だけではなく、職場に復帰して再び適応するまでの期間をサポートする必要があります。

厚生労働省「心の健康問題により休業した労働者の職場復帰支援の手引き」では、職場復帰支援活動を5つのステップに分けて解説しています。この手引きに沿って、衛生委員会などで調査審議を行い、産業医などの助言を受けて、「職場復帰支援プログラム」を策定します。

事業場外資源によるケア

事業場外資源によるケアは、企業が抱えるメンタルヘルスケアに関する問題を解決するための専門的な知識をもつ、各種の外部機関などのサービスを利用することです。事業場外資源を活用することで、従業員が相談内容などを職場に知られることを望まない場合でも、安心してサポートが受けられます。事業場外資源には、社外の医療機関や地域保健機関、従業員支援プログラム（ＥＡＰ）機関などがあります。

労働者の心の健康の保持増進のための指針では、小規模事業者での取り組みについても触れられています。小規模事業者では経営者がメンタルヘルスケア実施の表明をし、セルフケア、ラインによるケアを中心に、実施可能なところから着実に取り組みをすることが望ましいとされています。

また、必要な事業場内産業保健スタッフが確保できない場合、衛生推進者または安全衛生推進者を事業場内メンタルヘルス推進担当者として選任し、地域産業保健センターなどの事業場外資源の支援を積極的に活用することが有効であるとされています。

従業員がメンタル不調に陥るケースにはどのような事例があるのか、厚生労働省の「こころの耳」に掲載された事例を見てみましょう。

長時間労働によりうつ病にかかり自殺未遂したケース

長時間労働によりうつ病にかかり自殺未遂したエンジニアＦさんの事例です。Ｆさんは

38歳男性でプロジェクトリーダーの立場にありました。真面目で後輩の面倒見が良く、争いごとを好まない責任感が強い性格でした。

Ｆさんは35歳のときに異動でシステムエンジニアになりました。その後、プロジェクトリーダーに昇格します。昇格直後より職場環境は悪かったようです。不況の影響を受けて、過重労働を強いられ、リストラ、社内再編で退職する部下や病欠する部下が多く見られたそうです。

にもかかわらず、人員の補充はありませんでした。加えて、自分のプロジェクト以外の複数のプロジェクトにも関わるようになりました。

そのため、帰宅時間は毎日24時を回り、睡眠時間は３～４時間になりました。土日も出勤です。Ｆさんは部下の長時間残業は厳しく管理していましたが、自らは管理職であるため管理されることはなく、１カ月の残業時間は１００～２００時間の状態が続きました。

昇格から３カ月後には、意欲や集中力が低下し、頭の回転の悪さを自分で感じるようになりました。身体的にも頭痛や肩こり、異常な発汗、食欲低下、体重減少などがあったようです。休日は一日中寝て過ごしましたが、疲労は回復しません。

さらに昇格から5カ月後には、毎日がむなしく将来に対して悲観的な考えをもつようになったそうです。作業効率は落ち、部下への指示も十分に伝えられなくなりました。

この時期から「自分は部下に迷惑をかけている、自分がしっかりしないから迷惑をかける、この職場には自分は不要な存在だ」と罪悪感ももつようになりました。徐々に欠勤するようにもなりましたが、上司には精神状態について相談することはなかったそうです。

さらに昇格から6カ月が経過したある日、内科で処方された抗不安薬を過量服薬して自殺を図ってしまいました。そのときは、家族が早く発見して救急搬送され、早く処置をできたので、重い合併症を残すことなくも数日後に回復できました。

しかし、精神神経科医師の診察を受けると、重度のうつ病であるとの診断があり、そのまま精神科病棟へ移り、約3カ月間の治療を受けることになりました。

このケースのように真面目で責任感が強く、争いごとを好まない性格はうつ病の患者に多く見られる傾向があります。そのような従業員に対しては、より慎重なストレスケアが重要になってきます。

うつ病で定期的なフォローが必要だったケース

大手メーカー関連の地域販売会社で営業を担当していた57歳の男性、Gさんのケースです。Gさんの会社は、バブル崩壊後の不景気の際に生き残りをかけて、近隣県の兄弟会社と順次合併を繰り返し、最終的に関西圏を代表する販売会社となりました。

このときに、社内では組織変更とリストラが進行し、社内には「仕事のできない者は辞めさせられる」との雰囲気が広がりました。また、組織改革と併せて業務効率化の一環として、文書の完全デジタル化を目指し、業務日報もE-mailで送るよう指示されていました。

Gさんは、当初は県下のある地域を任されていた営業課長でした。しかし、合併を繰り返す間に、より大きな営業組織に編入されたため、課長から次席に降格させられました。Gさんは元来、真面目な性格でした。

始業後は前日に得意先から受けた仕事の見積もりやチェック表を会社でつくり、11時頃から取引先を回り、新たな仕事を確保してきます。忙しいので、昼食はパンやおにぎりを運転しながら食べる毎日です。

夕方に会社に戻ると、日報を書いていましたが、18時頃からは、再び近くの得意先を20時頃まで回っていました。

年齢的な面もあり、パソコン作業が効率的に進まず、帰宅してからも自宅のパソコンで仕事をしていたそうです。その結果、平均睡眠時間は3～4時間になっていました。土日に出勤したり、レポートの作成のために徹夜することも少なくありませんでした。

嘱託産業医の月1回の会社訪問の際に、Gさんは面談を希望しました。その際、「自分が会社には不可欠だと上司に思ってもらわないと、いつ飛ばされるか分からない」、「パソコン作業になじめず、ストレスが多い」、「外に出ているときは気分良く仕事をしているが、会社に戻ると雑念が入って集中できず、3倍くらい時間がかかってしまう」、「睡眠不足になっている」などと涙ぐんで話していたそうです。

「うつ病」の可能性があると判断され、Gさんは専門医の受診を勧められました。その結果、うつ病と診断され、抗うつ剤を処方されました。

産業医は毎月の訪問時に面談しました。Gさんは「医者からは仕事を休むように言われたが、休んだら帰ってきたときにイスがない」、「子どももまだ独立していない」など、リストラへの不安から休養できない事情を話していたそうです。

「雑念が入って何から手を付けたらいいか分からない」との話もあり、「うつ病」の症状の一つである判断力の低下が疑われました。産業医は「よほど大事な仕事があるならそれを優先し、そうでなければ端から順番に片づけていったらどうか」と提案しました。

その後も会社を休むほどの深刻な状況にはなっていないのが幸いですが、定期的なフォローが欠かせないケースです。

下痢の再発を繰り返す従業員の職場復帰のケース

40歳男性のHさんは、大学卒業後にスーパーマーケットに入社し、8年目に売場責任者を任されました。ところが、パート社員にうまく仕事を割り振ることができず、自分で作業をすることが多くありました。また、Hさんは子どもの頃から緊張しやすい性格で、人前で話をすることは苦手だったといいます。

その後、Hさんは大きな店舗に異動になりました。自分一人で頑張る方法では、売場全体を整えることができない状況に陥りました。それをきっかけにして腹痛や下痢が続くようになります。下痢がひどいときには血便が出ることもあり、一般内科を受診しました。結果、「潰瘍性大腸炎」との診断書を書いてもらい休職することになりました。

休職してしばらくすると、下痢は収まりました。しかし、復職すると不安感や緊張感が出てきたそうです。また、仕事のことを考えると朝早く目覚めてしまいがちで、しばらくすると下痢も再発します。そのたびに「潰瘍性大腸炎」との診断書を会社に提出して、長期欠勤していました。その繰り返しです。

5回目の復職直後に再び調子が悪くなり、会社が健康支援センターに相談しました。主な症状は下痢と血便の腹部症状でしたが、背景にストレスなどの問題がある可能性が高いと判断され、看護職が本人と連絡を取りました。本人は当初、「主治医に診てもらっているから」と健康支援センターへ行くことに消極的でしたが、「スムーズに復職できるようサポートしたい」と説得され、訪問しました。

まずは、消化器専門医受診を勧められ、同時に精神科専門医も紹介され、消化器専門医と連携して治療してもらうことになりました。

精神科専門医の治療が始まると、Hさんの抑うつ気分が少しずつ改善していきました。精神症状がなくなるにつれて下痢もなくなりました。しかし、復職を検討する時期になると、ひどい頭痛や腹痛に襲われるなどの身体症状が出てきました。

治療の過程で、精神科主治医からは、「問題の本質は過度の不安感や緊張感であり、人付き合いがうまくいかなかったり、復職に失敗したりという経験が、自信のなさや抑うつ気分につながっている」という判断があったようです。

その後、治療が進んで不安感や緊張感がコントロールできるようになると、Hさんも落ちついてきました。復職に際しては、健康支援センターの看護職が会社に連絡し、裏方作業で自信をつけながら、職場の人間関係に慣れることができるようにアドバイスをしました。その結果、精神科の受診を続けながら元気に働いているそうです。

発達障害の従業員も働きやすくなる産業医のサポート

最近、「発達障害」が話題になっています。発達障害とは、脳機能に表れる先天的な障害です。生まれながらに脳の働きに偏りがあり、それが原因でさまざまな特性が現れます。

小さいときから、なんらかのサインを見せるケースが多いのですが、大人になるまで気づかず、就職してから障害があるのではないかと感じて病院で診断を受けることもあります。

発達障害の人は、一般的にコミュニケーションがとりにくくなります。普通では考えられないような失敗をすることがあるので、仕事の進め方も配慮が必要になります。繰り返し同じ失敗をする従業員が「病院を受診したら発達障害だった」ということもあります。

こうした場合も、産業医の関与が必要です。発達障害の従業員の特性を見極めて、「この人はこの部分が弱いからサポートをしてあげてください」とアドバイスができます。それは難しいことではなく、ちょっとした気遣いがあれば、発達障害の人もトラブルなく働くことが可能です。

たとえば、忘れ物が多い人もいます。そういう人には、持ち物チェックリストを渡して、「毎朝、これをチェックしてきてね」と言うだけで忘れ物をしなくなります。

あるいは、遅刻をしがちな人もいます。それは時間の計算が苦手なのです。逆算ができないので、9時までに会社に行くのには、何時の電車に乗る必要がある、そのために何時に家を出る、さらに何時に起きる、それが計算できません。毎日、同じ繰り返しをしていても、難しいのです。

ありがちなのは、「9時で遅刻するんだから8時半に来い」などと無理難題を言ってしまうことです。しかし、時間の逆算ができないことが問題なのですから、それでは解決しません。怒られたので、今度は7時に来てしまうかもしれません。

そういう人には、起きてから会社に到着するまで、どのくらいの時間がかかるかを一緒に考えて、仮に6時半に起床すればいいことが分かったら、「毎朝、6時半に起きよう」と言うだけで遅刻しなくなります。

一対一のときは会話ができるのに、会議になるといっさいしゃべれない従業員もいます。このケースも発達障害が原因である可能性があります。この場合は、会議中に「これについてどう思う?」と本人に具体的に問いかけることで意見が言えるようになります。「何でもいいから言ってみろ」となると、何も言えなくなってしまいますが、具体的に言って振ってあげれば答えることができるのです。

しっかりとした意見をもっていますから、具体的に賛成か反対かを聞かれれば、理由を示しながら賛成か反対か、自分の意見を発表することができます。そうした特性に周りが気づかないと、「あの社員は一対一のときは、勢いよく言ってくるのに会議になると何も言わない、猫をかぶっているんじゃないか」ということになり、仲間はずれになってしまうこともあります。

残業をやめない従業員の対処法とは

残業をなかなかやめない従業員もいます。家を買ってしまったので毎月60時間は残業しないと生活が成り立たないなど、さまざまな事情を抱えています。残業が生活の一部に組み込まれています。ある企業では、「みなし残業制」を導入しました。仕事が暇なときでも一定の残業代を支払う代わりに、忙しくて残業が多くなったときには上限を決める仕組みです。

残業が多い従業員は訴訟につながる可能性が高くなります。そもそも残業の基準は法令で定められています。労働基準法では、労働時間は原則1日8時間、1週間に40時間までとされています。これを「法定労働時間」と呼びます。また、休日は原則1週間に少なくとも1回はなくてはいけません。

このような法定労働時間を超えて従業員に残業（時間外労働）をさせる場合、または休日に仕事をさせる場合には、労働基準法第36条に基づいて、「労使協定」（36＝サブロク＝協定）を締結しなければなりません。これは、小規模事業者でも同様です。また、所轄の労働基準監督署長への届出も必要です。

こうした時間外労働の規制が改正され、2019年4月に施行されました。大企業では2019年4月から適用されましたが、中小企業では2020年4月からの適用になっています。

これまでは、36協定による時間外労働は厚生労働大臣の告示によって、上限が決められていました。しかし、臨時的な特別の事情がある場合には、特別条項付きの36協定を締結すれば、限度時間を超える時間まで時間外労働が可能でした。

しかし、改正後は、臨時的な特別の事情があったとしても、次の基準を超えることができなくなりました。

・時間外労働が年720時間以内
・時間外労働と休日労働の合計が月100時間未満

・時間外労働と休日労働の合計について、「2カ月平均」「3カ月平均」「4カ月平均」「5カ月平均」「6カ月平均」がすべて1月あたり80時間以内
・時間外労働が月45時間を超えることができるのは、年6カ月が限度

これらに違反した場合には、罰則（6カ月以下の懲役または30万円以下の罰金）が科されるおそれがあります。

1カ月に80時間以上の残業が何カ月も続けば、過労死ラインを超えてしまいます。中には100時間を超える人もいますが、完全に過労死ラインです。

過労死ラインとは、病気や死亡、自殺に至るリスクが高まる労働時間のことで、目安が法律で定められています。「発症前1カ月間に100時間」または「発症前2～6カ月間の平均で80時間」を超える場合には、仕事と病気の発症の間に関係性が認められるとされています。

ただ、この基準は非常にあいまいなところがあります。統計的に結果を導き出すには不向きな非常に少ないサンプル数から3人の専門家が決めただけです。

この基準が設定されてから、多くの人は80時間、100時間を超えると、死ぬラインだ

と考えています。実際には個人差があります。時間外労働が40時間でも過労死ラインとなる人もいるでしょう。

1カ月の残業時間45時間は持病増悪ラインと呼ばれています。糖尿病など持病がある人が月に45時間以上の残業をすると、持病が悪化すると考えられるラインです。さらに60時間以上になると、脳血管、心臓血管など血管系のトラブルが起こる、つまり心筋梗塞が起こりやすくなるラインとされています。

月に45時間以上の残業をしている人も少なくないでしょうから、いったん訴訟になると、面倒なことになります。

トラブルを避けるには残業を減らせばいいのですが、小規模事業者の場合はそうもいかないでしょう。となると、60時間の残業をしている人が心筋梗塞を起こさないために何ができるか、となります。そこが産業医の役割になります。

たとえば、食事習慣を徹底して改善させる、コレステロールの値を厳重に管理する、などの方法が考えられます。仕事以外のリスクを下げていくのです。それが産業医にできることです。一人ひとりのリスクを評価して、リスクを下げるための指導をするのです。

そうしたサポートがあれば、本人も安心して働けるでしょうし、それでも病気になってしまったときには、会社の責任も減るでしょう。健康的に続けられるなら、残業をしてしっかりお金を稼ぐことは悪いとは思いません。それを実現するためのサポートも産業医の役割だと考えているのです。

小規模事業者の健康管理が日本経済を救う!?

全労働者の6割程度が勤める従業員50人未満の企業で、健康管理ができていないのは非常に残念ですし、日本経済の将来にもマイナスだと考えています。産業衛生学会でもこれが課題であることに気づいていて、産業医以外にも地域の商工会議所や開業医に小規模事業者の従業員の健康管理、産業衛生、産業保健を担ってもらおうとの動きはあります。

確かに地域に根ざした取り組みは必要だと思います。すでにお話ししたように産業医と社会保険労務士の連携も効果的だと考えています。そのためには、それぞれの専門家が自分の専門分野を少し超えて理解し、サポートをしていく必要もあると思います。

また、従業員一人ひとりの話を十分に聞くことも大事ですし、会社の背景も理解する必要があります。その上で複数の専門家が協働して、地域で効率よく健康管理をしていく必要があるでしょう。

新型コロナウイルスの感染拡大を経て、働き方も大きく変わっています。テレワークでうまく業務を進められるのであれば、個人事業主と契約しても同じですから、大企業は多くの人を抱えなくなるでしょう。

すでにタニタは従業員を個人事業主に切り替えていくことを公表しています。そうなれば、従業員が50人未満の企業は、増えていくと考えられます。つまり、産業医の選任が義務付けられていない50人未満の企業の従業員の健康をどう守るかが、未来の日本経済に直結する課題だと考えています。

以前に比べれば、企業内の健康意識は高まっています。経済産業省も健康経営の宣言をすることを企業に推奨しています。しかし、健康への取り組みはまだ始まったばかりで、改善しなければならないことは数多くあります。

たとえば、メンタル不調を訴えた人はしばらく休職させるケースが多いのですが、就業制限することだけが解決策だとは思えません。休ませるのも一つの選択肢ではありますが、産業医や産業保健師と面談をしながら仕事を続けるのも選択肢です。

メンタル不調の際に休職するのは一定の効果がありますが、デメリットもあります。他の従業員に負担がかかりますし、本人も復帰してからブランクを取り戻すのが大変です。また、休職中は健康保険から傷病手当金を受け取ることができますが、働いているときよりは生活資金は減ってしまいます。

産業医と面談して様子を見ながら仕事を続けるのは、企業にとっても本人にとってもメリットは大きいのです。また、長く健康で働けることは、国民医療費が減ることにもつながり、国の財政にとってもいい影響を及ぼすことでしょう。

産業医とともに健康経営に取り組もう

従業員の健康が事業の継続にも大きく関わることから、最近では小規模事業者にも健康経営への取り組みが広がっています。

健康経営は、従業員の健康管理を経営的な視点で考え、戦略的に実践することです。企業理念として、従業員の健康に取り組むことは、従業員のモチベーションや活力の向上につながり、それが企業に生産性の向上などをもたらします。

経済産業省は、企業の健康経営に関するサポートを行っています。たとえば、顕彰制度として、2014年度から「健康経営銘柄」の選定を行い、2016年度には「健康経営優良法人認定制度」を創設しています。

これらの取り組みは、健康経営に取り組む企業を「見える化」することで、従業員や求職者、関係企業や金融機関などから「従業員の健康管理に積極的な企業」として社会的に評価を受けることができる環境を整備するものです。

「健康経営優良法人認定制度」は、大きく大規模法人部門と中小規模法人部門に分かれます。2020年3月には、4回目の認定が行われました。大規模法人部門（上位500法人を「ホワイト500」とする）では、1481法人が、中小規模法人部門では4723法人が認定されています。

中小規模法人部門の申請数は1回目の2016年度には397社であったことを考えると、2019年度は6095社となり、15倍に増加している計算です。中小企業にもそれだけ健康経営が注目されていることになります。

中小規模法人部門の対象法人は従業員数と資本金などの金額によって決まりますが、従業員数では、たとえば卸売業、サービス業では100人以下、小売業では50人以下となっています。

認定を受けるには、次の5つの項目のすべてを満たすことが求められています。

1「経営理念・方針（経営者の自覚）」の評価項目を満たすこと（必須項目）

2「組織体制」の評価項目を満たすこと（必須項目）

3「制度・施策実行」における（1）～（3）の中項目から、下記の項目数以上の評価項目を満たすこと

（1）「従業員の健康課題の把握と必要な対策の検討」（4項目中2項目以上）

（2）「健康経営の実践に向けた基礎的な土台づくりとワークエンゲイジメント」（3項目中1項目以上）

（3）「従業員の心と身体の健康づくりに向けた具体的対策」（7項目中3項目以上）

[図表７] 全国規模の取組

【大企業等】

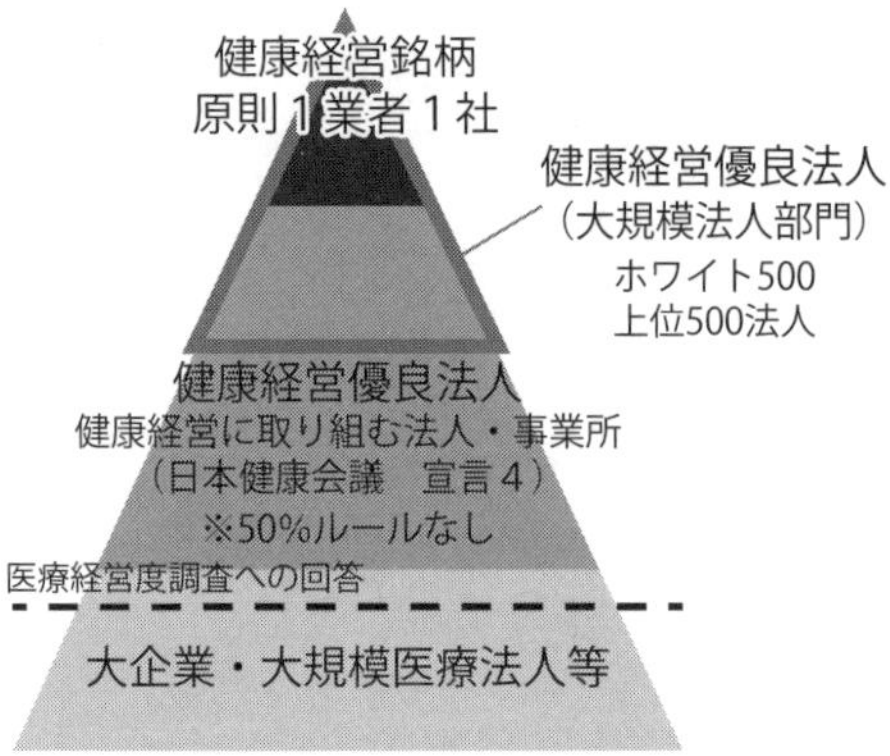

【中小企業等】

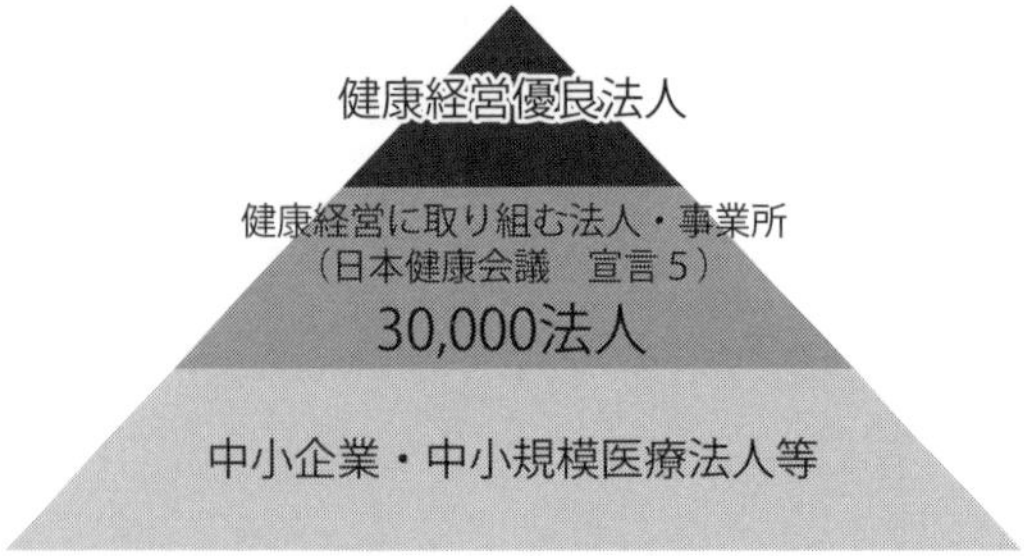

出典：経済産業省ヘルスケア産業課「健康経営の推進について」（2020年９月）

4「制度・施策実行」及び「評価・改善」における①~⑭のうち11項目以上を満たすこと（大規模法人）

5「法令遵守・リスクマネジメント」の評価項目を満たすこと（必須項目）

また、中小規模法人への健康経営の普及をさらに拡大させていくことを目的にして、認定法人の中でも、「とくに優れた法人」かつ「地域において、健康経営の発信を行っている法人」の上位500法人に対して、新たに、健康経営優良法人2021（中小規模法人部門〈ブライト500〉）として選定することとなりました。

では、前述の5つの項目を満たすために具体的にはどんな取り組みが必要になるのでしょうか。

経営理念・方針（経営者の自覚）

この項目は、経営者が、従業員やその家族の健康管理を経営課題として認識することが重要であることを明確にするものです。組織として対策に取り組む旨を文書等への明文化をすることで、従業員の健康保持・増進に向けた取り組みを開始する契機とします。

［図表８］ 健康経営優良法人（中小規模法人部門）申請・認定状況の推移

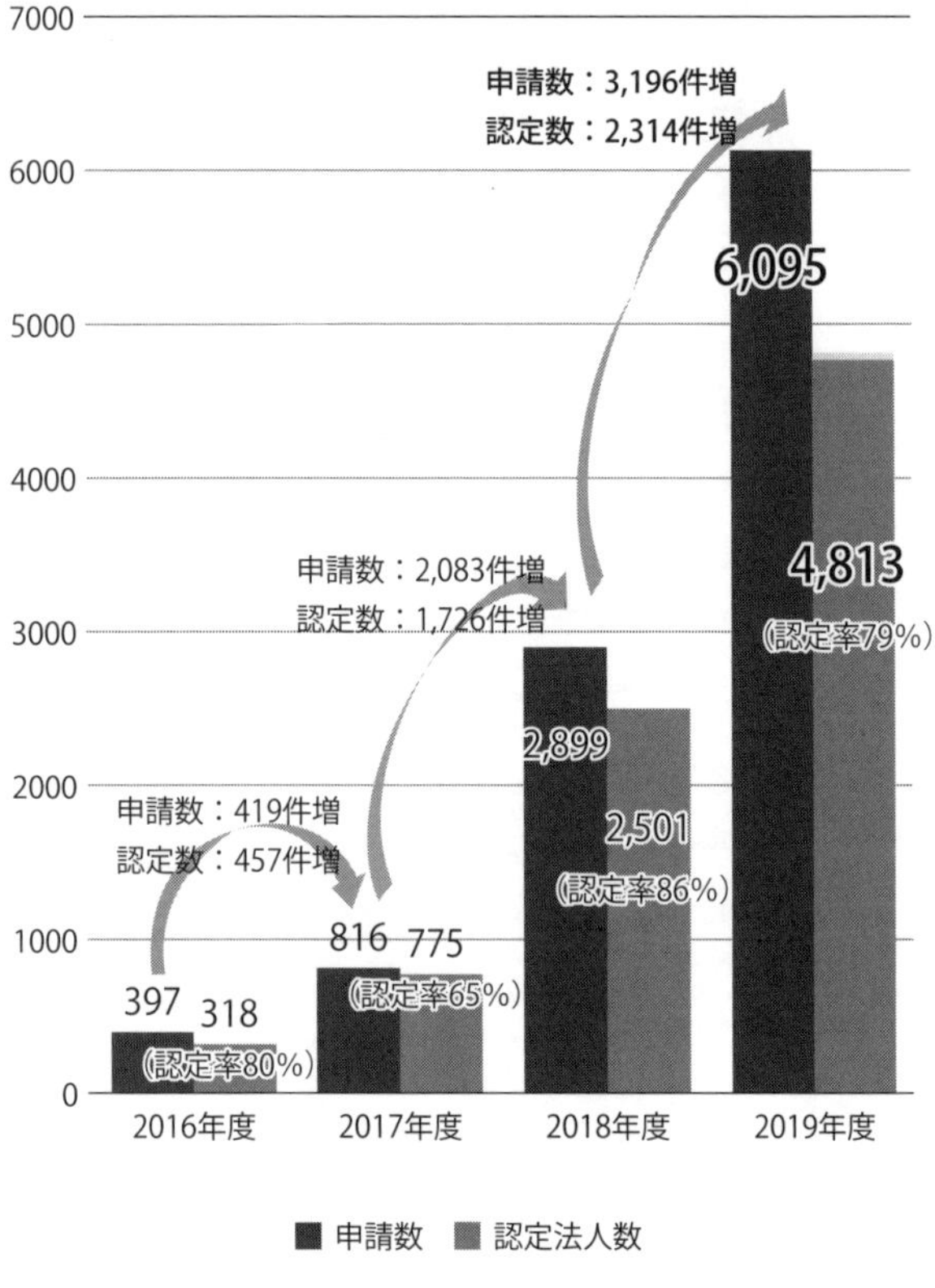

出典：経済産業省ヘルスケア「健康経営の推進について」（2020年９月）

これにより、経営者が考えていることを従業員が理解し、健康管理に取り組むことが期待できます。また、経営者が率先して健康管理を行うことで従業員の行動規範になるべきことを示しています。

実際には次の2つの項目を満たすことで適合と認定されます。

①経営者が、全国健康保険協会や健康保険組合等の保険者のサポートを受けて、組織として従業員の健康管理に取り組むことを明文化（保険者が実施する健康宣言事業への参加）し、その文書等を従業員と社外の関係者（ステークホルダー）の両方に対し表示（発信）していること。

②経営者自身が、年に1回定期的に健康診断を受診していること。

《組織体制》

この項目では、健康づくり担当者の設置が求められます。健康づくり担当者とは、事業場で従業員の健康保持・増進に関する取り組みを推進する担当者のことです。

具体的には、健康経営施策の立案・実行支援や、経営者、産業医、保険者及び健康経営アドバイザー等との適切な報告、連絡および相談等を行います。

なお、健康診断や保健指導の実施に関する手続き、特定保健指導の連絡窓口等の実務等を担う担当者も含まれます。たとえば、衛生管理者、(安全)衛生推進者、全国健康保険協会(協会けんぽ)の健康保険委員、総務部の担当者等が担うことが考えられます。

また、求めに応じて40歳以上の従業員の健康診断のデータを提供することも必要です。

《制度・施策実行》

この項目では、(1)「従業員の健康課題の把握と必要な対策の検討」、(2)「健康経営の実践に向けた基礎的な土台づくりとワークエンゲイジメント」、(3)「従業員の心と身体の健康づくりに向けた具体的対策」について、定められた基準の一定項目を満たす必要があります。

たとえば、定期検診受診率、50人未満の事業場におけるストレスチェックの実施、ヘルスリテラシーに関して、管理職または従業員に対する教育機会の設定が挙げられています。

《評価・改善》

健康経営を効果的に進めるには、ＰＤＣＡサイクルの構築が必要です。取り組み状況や結果を振り返り、その結果を基に、今後の健康経営の目標設定、施策検討を行うことが大事なのです。

この項目は、健康経営の取り組み内容や結果、従業員の健康課題の把握、その結果を基にした次の施策検討等ができているかを問われます。実際には、健康経営の取り組みを実施後、取り組み結果を基に、生活習慣等の改善状況の把握や効果検証等を行っているかどうかで判定されます。

《法令遵守・リスクマネジメント》

この項目は、法令違反や労働災害の発生などの安全衛生上の状況について強化されるものです。実際には次の項目について誓約書を作成します。

・労働安全衛生法第66条に基づき、健康診断を行っていること。

・労働安全衛生法第66条の10に基づき、従業員50人以上の事業場における医師、保健師、その他厚生労働省令で定める者による心理的な負担の程度を把握するための検査（ストレスチェック）を行っていること。

・2019年4月1日より申請日までに、労働基準法、労働安全衛生法等で一定の法令違反がないこと。

「事業場」という言葉が出てきましたが、事業場は労働基準法や労働安全衛生法が適用される単位です。本社、支店、工場、営業所などが別々の場所にあれば、基本的にそれぞれが一つの「事業場」としてとらえられます。

従業員の健康をサポートすると働きがい、生産性が向上する

企業が従業員の健康に取り組むことは、実際にさまざまなメリットがあることが確認されています。

経済産業省ヘルスケア産業課「健康経営の推進について」（2020年9月）によると、

米国のヘルスケア企業「ジョンソン・エンド・ジョンソン（J&J）」では、75年前に作成された〝Our Credo〟で、全世界のグループ会社の従業員及びその家族の健康や幸福を大事にすることを表明しているそうです。

その結果として、同社では、健康経営に対する投資1ドルに対するリターンが3ドルになるとの調査結果を出しているといいます。

国内企業でも一定の効果が見られます。

健康経営を開始した年を「0」とした場合、5年前から5年後までの売上高営業利益率の業種相対スコア（業種内において健康経営を推進した企業の利益率が相対的に高いか低いかを把握する指数）の平均値を比較したところ、健康経営を開始する前の5年以内では、売上高営業利益率の業種相対スコアは負を示し、業種相対で利益率が低い状況であることを反映していました。

一方で、健康経営を開始したあとの5年間では、業種相対スコアは正の値を示す傾向にあったといいます。

また、離職率にも効果が見られます。2018年の全国の一般労働者の離職率は平均11・3％でしたが、「健康経営優良法人2020」に認定された企業では、5・1％と大幅に小さな値を示していました。健康経営度の高い企業のほうが離職率は低い傾向にあるようです。

さらに、健康経営銘柄に選定された企業に反響を調査したところ、次のような社内外の反響があったといいます。

・学生の認知度が向上し、就活生が大幅に増加したり、内定後の辞退率が減ったりした。優秀な人材の確保につながっている。
・取引先やその他の企業から、高く評価してもらえた。取り組みに関する多数の問合せがある。
・投資家から「中長期的な成長が見込まれる」と高い評価をもらった。
・銘柄を取得した他企業との情報共有を通じ、他業種とのつながりのきっかけとなった。

［図表9］ 健康経営への投資に対するリターン

○Ｊ＆Ｊがグループ世界250社、約11万4000人に健康教育プログラムを提供し、投資に対するリターンを試算。
○健康経営に対する投資１ドルに対して、３ドル分の投資リターンがあったとされている。

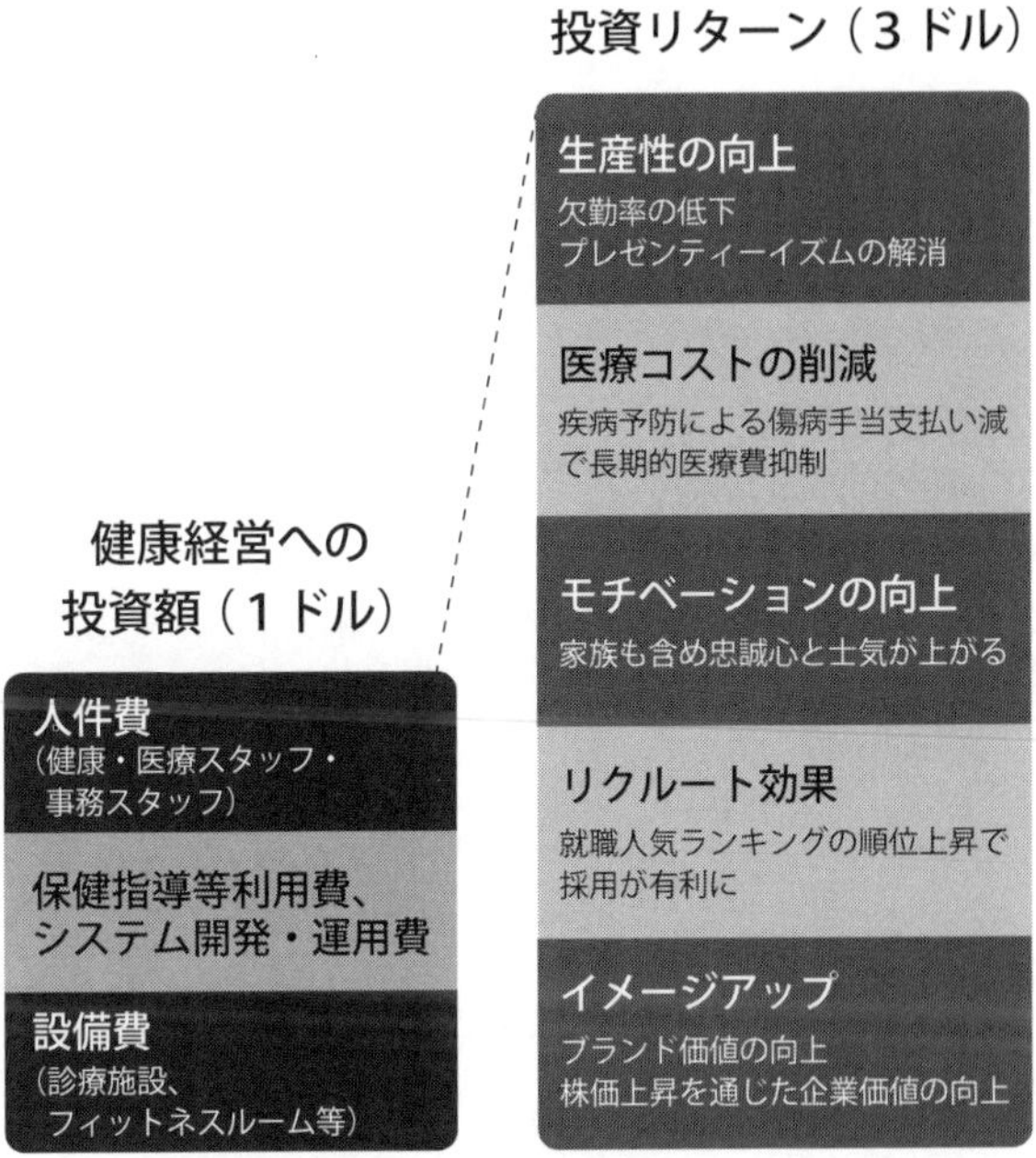

※「儲かる『健康経営』最前線」ニューズウィーク誌2011年3月号を基に作成

出典：経済産業省ヘルスケア産業課「健康経営の推進について」（2020年９月）

［図表10］健康経営をしている企業では離職率が低い

●健康経営度調査を分析すると、健康経営度の高い企業のほうが離職率は低い傾向。
●2018年における全国の一般労働者の離職率と比較しても低い傾向。

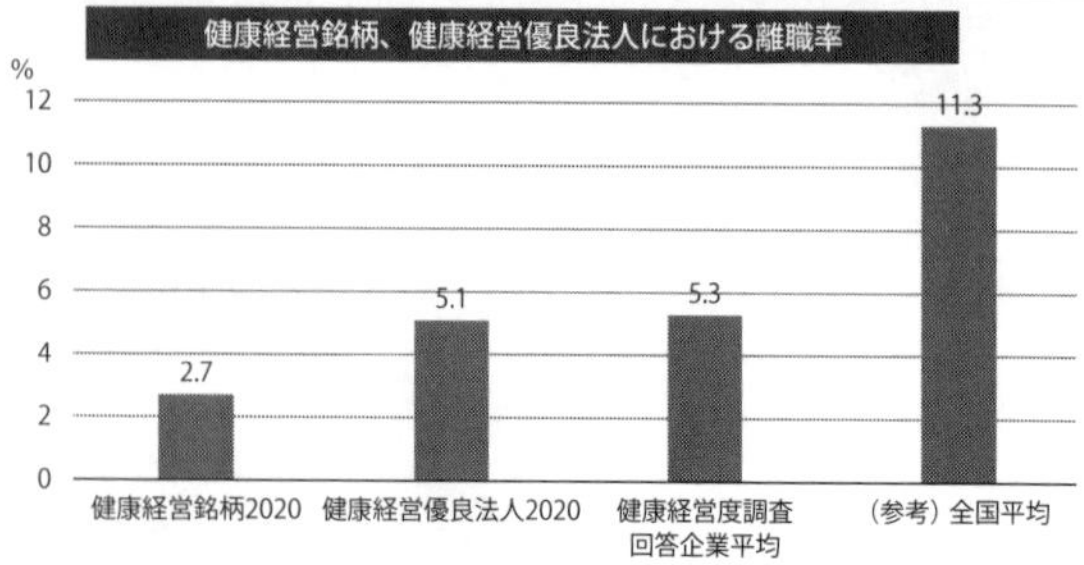

※離職率の全国平均は「厚生労働省　平成30年雇用動向調査結果の概況」に基づく。
（ただし健康経営度調査の回答範囲と異なる可能性がある）
※離職率＝正社員における離職者数の設問／正社員数を各社で算出し、それぞれの企業群で平均値を算出。
※なお、離職率に関する設問は健康経営度調査の評価には含まれていない。

小規模事業者で健康経営がうまくいかない理由

ただし、小規模事業者では健康経営への取り組みがなかなかうまくいっていないのも事実です。

小規模事業者の場合、現段階では、①積極的に取り組みたいと思っている、②取り組まなければいけないと思っている、③取り組むつもりはない、の3つに分かれます。

実際に取り組む際には、けんぽ組合に健康宣言をして、定期健康診断の受診率を上げるとか、ストレスチェックをするとか、相談窓口を設置する、日常の健康相談の窓口を設置するなどの取り組みをしていきます。

中には、健康管理ができるフィットネス系のアプリを導入する企業もあります。インストールすると、おすすめのフィットネスメニューが従業員に届くのですが、最初は開封しても1週間も経たないうちに開かなくなることもあります。

フィットネスクラブの利用券を配布する企業もありますが、仕事が忙しくて結局、行かないということもあります。

そんなこともあり、健康経営への取り組みはそれほどうまくいっていないのが現状です。あるいは取り組んでいたとしても、健康経営に取り組むと助成金が受けられるケースもありますから、経営者の中にはそれが目的の場合もあるでしょう。

しかし、小規模事業者にとっては従業員の健康が、事業を支える要ともいえますから、何かが起きる前に取り組んでほしいと考えています。

働きがいがある会社は業績もアップする

従業員が健康であることは、働きがいにも影響を及ぼします。「働きがいのある会社ランキング」を公表しているGreat Place to Work®（ＧＰＴＷ）では、「働きがいのある会社」とは「働きやすさ」と「やりがい」の両方が兼ね備わった組織であると定義しています。

このうち、「働きやすさ」には、快適に働き続けるための就労条件や報酬条件などが含まれます。快適に働き続けるためには、健康であることや健康を維持するための取り組みが欠かせません。

同社では、「働きがいと業績」の関係も調べています。２０１８年に「働きがいのある会社」調査に参加した企業における業績を調べたところ、「働きがいのある会社」は、そうでない会社よりも、業績が向上していることが明らかになったといいます。

この調査では、ＧＰＴＷの「働きがいのある会社」ランキングに参加した企業のうち、ランクイン企業（ベストカンパニー）とランクインしなかった企業（ノンベストカンパニー）の業績の分析を行っています。

その結果、売上の対前年伸び率「ベストカンパニー」が33・9％であるのに対し、「ノンベストカンパニー」は12・0％で「ベストカンパニー」のほうが21・9ポイント高いことが分かりました。

このような調査の結果を待つまでもなく、健康な従業員の多い企業は働きがいも高くなり、働きがいの高い企業は業績も高くなることは、容易に想像できるのではないでしょうか。日本の企業数の約98％を占める中小企業、小規模事業者の従業員が健康で長く働ける環境を整えることは、日本経済を元気にすることにつながるのです。

健康への取り組みで融資の金利優遇も

このような背景から、健康経営に取り組む企業には、資金調達の支援を行う動きもあります。

「日本政策投資銀行（ＤＢＪ）」は、健康経営（ヘルスマネジメント）格付・優遇金利制度を実施しています。これは、ＤＢＪが独自に開発したスクリーニングシステムで企業の非財務情報を評価し、融資条件に反映させるものです。

環境経営及びサステナビリティ経営を評価する「環境格付」、防災および事業継続の取り組みを評価する「BCM格付」、健康管理及び健康経営を評価する「健康経営格付」の3つのメニューがあります。

企業の長時間労働が社会問題化する中、企業が従業員の健康配慮に取り組む必要性が高まっていることを受けて、DBJでは、2012年から健康経営格付をスタートしています。

評価項目は「健康経営Ⅰ（心身の健康）」・「健康経営Ⅱ（柔軟・多様な働き方）」、「エンゲージメント（働きがい）」の3分野から構成されています。「健康経営Ⅰ・Ⅱ」では、予防医学的な健康面と柔軟・多様な働き方の双方の視点で、各社の成長戦略を踏まえて人と組織の活性化に資する取り組みを評価します。

「エンゲージメント」では、企業の中長期的な人材戦略や従業員エンゲージメント（働きがい）による現状分析・課題把握等の改善につながるモニタリングプロセスに加え、従業員エンゲージメントを高める上で重要な施策についても評価をします。

健康経営スクリーニングを実施した結果、従業員の健康配慮への取り組みがとくに優れていると認められる企業には「特別金利Ⅱ」、従業員の健康配慮への取り組みが優れていると認められる企業には「特別金利Ⅰ」、従業員への健康配慮への取り組みが十分と認められる企業には「一般金利」を適用します。

このような動きは、地方銀行や信用金庫にも広がっています。

経済産業省と東京商工会議所による「健康経営ハンドブック２０１８」によると、たとえば、北日本銀行では「きたぎん『いわて健康経営宣言』事業所応援ローン」で事業資金融資の金利優遇を行っています。

仙台銀行では「『職場健康づくり宣言制度』支援」として、事業資金融資、住宅ローン、個人ローンや預金などの金利優遇を行っています。

また、肥後銀行では「ひぎん健康企業おうえん融資制度」として事業資金融資の金利優遇を行うなど、取り組みは全国に広がっています。

おわりに

1年に1回の定期健康診断や採用時の健康診断、あるいはストレスチェックなど、従業員の心身の健康管理のために企業が知っておかなければならない情報は数多くあります。しかし、必要な情報をしっかり理解して、活用している企業はまだまだ少ないのが現状です。

多くの企業は「法律で決まっているから健診などを実施している」に過ぎません。これは非常にもったいないことだと思います。健診で収集した従業員のデータは、とても貴重です。有効に活用すれば、従業員に健康で長く働いてもらえるのはもちろん、生産性の向上にも役立ちます。

とくに従業員数が50人未満の小規模事業者は、産業医を選任する義務がありませんから、従業員の健康について、気軽に相談できる先がありません。経営者にしても、日々の仕事に追われて、従業員の健康について考えるのは後回しになっています。

これでは健診データを活用するどころか、従業員の健康が脅かされかねません。実際に小さな無理の積み重ねが大きな病気につながることもあります。

繁忙期などに長時間労働が続くことを原因として睡眠不足となり、そのために気分が落ち込み、さらに食欲が低下します。その結果、疲労が蓄積して、健康障害が次々と表れてきます。そして、最終的には心臓発作や脳卒中など生命に関わる疾病を発症する可能性があります。これを私は「健康障害カスケード」と呼んでいます。

それを避けるためには、働いている人がいつでも気軽に健康相談ができる場が必要です。そこで私は「社外健康管理室こころめいと」を開設したのです。

この名称には、「いつでも気軽に相談してほしい」との願いが込められています。働いている人にいつも寄り添い、一緒に進んでいけるのが理想です。

こころめいとでは、まず保健師が窓口になりますが、産業保健だけでなく、病院での勤務経験や在宅医療などの経験があり、医療全体から問題を考えていく視点をもった人ばかりです。疾病予防、疾病治療の両面の経験をもっているからこそ、最適なアドバイスが可能になります。

また、前述のような健康障害カスケードを食い止めるには、病院での勤務経験が役に立ちます。従業員のちょっとしたサインも見逃すことがありません。

健康面で気になることがあったら、その都度、相談をしていただくことができます。体調に異変を感じた本人が直接相談することもできますし、同僚や部下の様子がいつもと違うときにどのように声を掛けたらよいか分からない場合でも、気軽に相談できます。

本書で繰り返し解説してきたように、人手不足が深刻になる中、従業員の健康管理はますます重要になっています。選任が義務付けられていない小規模事業者であっても、一度、産業医の活用を考えてみてはいかがでしょうか。

富田崇由（とみだ たかよし）
１９７８年生まれ、愛知県名古屋市出身
２００３年３月 浜松医科大学卒業
２００３年４月 名古屋第一赤十字病院にて研修
２００５年４月 同病院救命センタースタッフとして地域医療災害医療にも携わる
２００８年４月より複数の在宅クリニックにて在宅ホスピスに従事
２０１４年11月 ナラティブクリニックみどり診療所開院（内科・心療内科・精神科）
２０１６年４月 セイルズ産業医事務所開設
「患者のストーリーに寄り添ってベストな治療方針を」を信念にしている。
２０１６年産業医事務所を開設後は、会社を「小さなクリニック」にすべく小規模事業者にも産業医の必要性を訴えている。

本書についての
ご意見・ご感想はコチラ

なぜ小規模事業者こそ
産業医が必要なのか

二〇二一年四月三〇日 第一刷発行

著 者 富田崇由
発行人 久保田貴幸
発行元 株式会社 幻冬舎メディアコンサルティング
〒一五一-〇〇五一 東京都渋谷区千駄ヶ谷四-九-七
電話 〇三-五四一一-六四四〇（編集）
発売元 株式会社 幻冬舎
〒一五一-〇〇五一 東京都渋谷区千駄ヶ谷四-九-七
電話 〇三-五四一一-六二二二（営業）
印刷・製本 シナノ書籍印刷株式会社
装 丁 関 理沙子

検印廃止

Printed in Japan ISBN 978-4-344-93245-6 C0034
幻冬舎メディアコンサルティングＨＰ http://www.gentosha-mc.com/